洪啟嵩——著

養生從放鬆開始（改版）

全球超過百萬人使用的身心解壓寶典

(1) 2004年，洪啟嵩老師應邀至美國俄亥俄大學講授放鬆禪法。
(2) 2005年，洪老師應邀至美國佛教會莊嚴寺主持禪十，於戶外行禪。
(3) 2008年2月，洪老師於佛陀成道聖地菩提伽耶，主持百人國際禪七。圖中為其所恭繪之五公尺成道巨佛，被懸掛於阿育王山門。

2
3|1

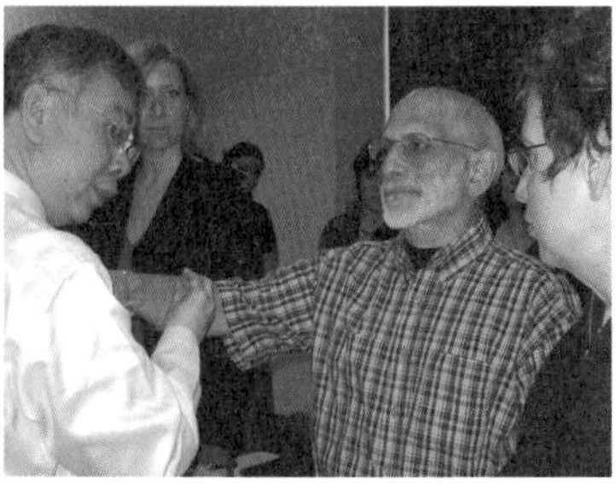

(4) 2008年5月，洪老師於中華禪起源地，六祖惠能祖庭南華寺，主持禪七。

(5) 2008年5月，洪老師所錄製的放鬆禪法導引音樂，幫助成千上萬中國汶川大地震的災民與志工災後心靈療癒。

(6) 2008年11月，洪老師應邀至哈佛醫學院·麻州總醫院（MGH）講授放鬆禪法，與功能性核磁共振創始人Ken Kwong 教授（右）合影。

(7) 2009年1月，洪老師以英文主持國際禪一，德國法蘭克福書展前主席衛浩士（Peter Weidhaas）參加後感受深刻。

5|4
6|7

9	8
10	11

(8) 2009年9月，洪老師於德州為外交部駐休士頓同仁，講授放鬆解壓養生法。圖左一為陳處長方正。

(9) 2009年10月，洪老師應邀至上海復旦大學、師範大學、人民大學、清華大華及社會科學研究院等地，進行禪學巡迴演講。

(10) 2009年11月，洪老師以中華禪的卓越成就，接受美國舊金山市政府頒發榮譽狀表揚。

(11) 舊金山市政府頒予洪啟嵩老師之榮譽表揚狀。

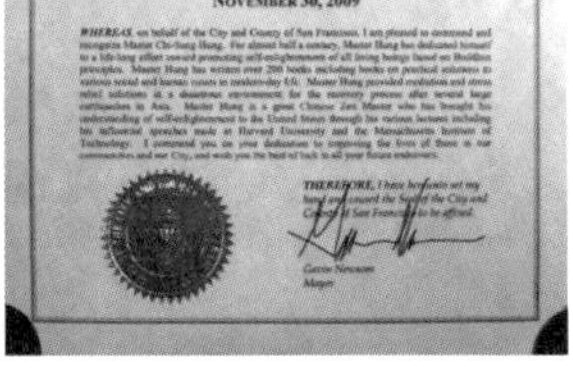

(12) 2009年11月，洪老師應哈佛醫學院_麻州總醫院（MGH）邀請，合作「禪定及放鬆狀態下腦成像」的研究實驗。

(13) 此實驗由洪老師指導，以龔玲慧老師為實驗對象。她被關在核磁共振儀內近兩個小時進行測試，出來後竟然神采奕奕，令人不可思議。

(14) 洪老師與龔玲慧老師（右二）、赫伯·班森（Herbert Benson）教授（左二）合影。赫伯·班森教授可說是將東方傳統心靈技術引入現代西方醫學科學的先驅。

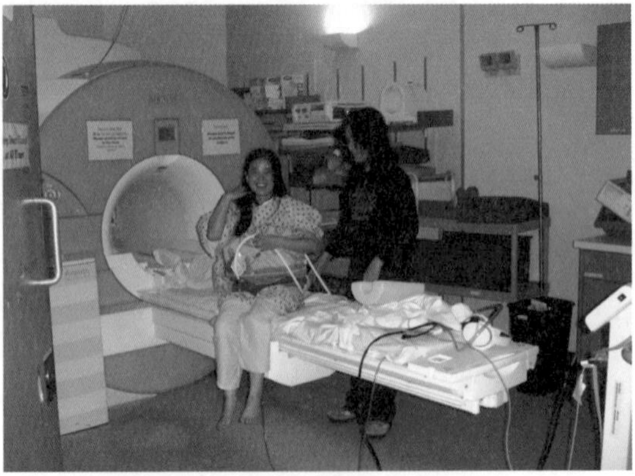

12 | 13
14

(15) 2010年2月，洪老師於印度佛陀成道聖地，現場書寫15公尺的大佛字。

(16) 於菩提伽耶摩訶菩提寺前，寫大佛供養如來。

(17) 2010年9月，應邀出訪不丹考察GNH國家幸福力，與不丹總理Jigme Thinley暢談「菩薩經濟學」，總理並邀請其未來於不丹講學。

(18) 不丹教育部長Thakur S. Powdyel（圖中）積極將禪定運用於教育，邀請洪老師未來於不丹講授禪定。圖為洪老師贈送部長其所繪成道佛黃金複製畫。

17	18
16	15

目錄

〈作者序〉

放鬆，圓滿人生

自在快活、青春常樂，是每個人的真心願望。透過禪來放鬆身心，讓我們更加健康、長春、快樂，已經是無可置疑的事實。然而，如何透過正確的觀念，以放鬆禪來養生，讓大家得到更大的利益，則是本書希望提供給讀者的。

在筆者的經驗中，放鬆禪可說是長養我們身心性命的寶庫，它不只能增長我們的心靈智慧，擴大我們的慈悲關懷，而且更能在我們的身體、心靈遭受壓力的傷害時，提供最長效而根本的療癒。只要大家願意學習，就能達到長壽自在、快活常樂的人生。

本書提出具體而深刻的方法，使讀者在掌握練習的要訣後，能圓滿這樣的心願，並感受自己奇妙的身心。

現代人每天得面對、不可避免的事情愈來愈多：從學生準備推甄，到入社會為生活打拚；家庭中有親子關係、生活中有人際關係要應對；為了事業上的發展，匆忙趕場競爭……各式各樣的壓力如排山倒海，壓得人喘不過氣來。

除了大的壓力之外，還有各種瑣碎的小壓力在我們日常生活中不定時的出沒：趕著交件的工作報告；上下班搶車位，搭捷運搶位子；回家孩子鬧脾氣，太太抱怨沒人分擔家事，先生嫌太太家裡沒照料好……這使我們的生活到處充滿了緊張與憂慮。

這些，讓我們整天處在情緒緊張的壓力下，如此長期下來，開始感覺到全身各處都不舒服。即使幸運地沒有疾病產生，也可能已危機四伏。

有人找醫師檢查，結果常檢查不出任何疾病，醫師也只能給一些維他命，愛莫能助。但如果不妥善管理壓力，長此以往，不但足以傷害個人的身心，嚴重的話，也可能會危及社會的安全。

對生活壓力越來越大的現代人而言，放鬆是身心最佳解壓的良方。這本書的主旨，就是要讓我們認清壓力的現象，並告訴大家如何正確的放鬆來解除壓力，甚至要進一步運用周遭的壓力，使我們的生活與生命更幸福。

只有真正放鬆，才能解除壓力。本書所教授的放鬆法，簡單易學，且能馬上感受得到效果，加上使用一些能夠檢測與處理壓力的技巧，將我們身心過去所累積的各種壓力，掃除一乾二淨。

這套放鬆的方法可以很快地改變身心狀況，然而對古代的人而言，這樣的境界是必須經過多年的修鍊才能達成的。但我個人認為：這與有實證的經驗者是否肯把自己的經驗傳授下來，以及他本身的技術是否正確、完善，有很大的關係。

由於自幼經歷太多的死亡現象，所以從十歲開始涉獵各家身心鍛鍊的生命技術，在十三、四歲時已觀證人體的呼吸、心跳、血壓、溫度都可做一定程度的控制；而且，更經歷了接近十次的意外瀕死經驗。所以，希望綜攝古來修行成就者的生命技術，加上我自身的體會，讓現代人以最少的生命投入，獲得最高的生命產出。這套方法經由千錘百鍊，透過革命性的想法與技術，能幫助大家安全、有效、迅速的達到前人苦修數十年而無法達到的成就。

只有不斷地保持健康而有力的身心，才能達到徹底的生命自由。讓我們一起來放鬆，圓滿自己的人生吧！

〈導讀〉放鬆禪法與人類身心發展

放鬆禪法的起源

放鬆禪法是洪啟嵩老師特別為壓力大的現代人所創發。

一九八三年洪老師在深山閉關時，身心在完全放鬆的狀況下，產生了不可思議的變化。他在這段期間產生了幾個極為特別的現象：一是在登山經行時，感覺身輕如燕，身心氣力充沛，有時兩天才須吃一餐；冬天在極為寒冷、幾近零度的高山上，只須身著短袖，一點都不怕冷。二是在戶外經行時，陽光照耀下，皮膚毛孔會有金色亮光晃耀，後來曾請教密教大成就者陳健民上師，陳上師說這是「舍利外現」的境界。第三個奇特的變化是在出關時，家人看到他非常訝異，因為他比平時長高了約七公分，身高並能自在伸縮至十五公分。

洪老師注意到，在身心完全放鬆的狀況下，可以產生這麼大的變化，而開始思惟其中的原理，希望能將這個方法作為人人都可使用的解壓妙法，及現代人養生的革命性法門。

放鬆禪法的原理

放鬆方法的理論基礎，最主要建立在兩個系統上：一個是物質的元素性，就是從最粗重到最細微的物質轉變次序——地、水、火、風、空五大；另外一個就是：從最內層的心擴展到整個外境，即是心、氣、脈、身、境。放鬆方法透過這兩個系統互相交織，則使我們現實存在的身心，能在有次第的放鬆之下，漸漸契入宇宙的實相，進而達到身心進化的目的。

我們的身體由五大元素所構成，這五大分別是：

地大：顯現堅固、不動特性的實體，如骨骼、肌肉等。

水大：顯現清涼、流動的特性，如血液、內分泌。

火大：顯現熾熱、昇騰特性的能量，如體溫。

風大：顯現移動、轉移的動力，如呼吸。

空大：顯現空虛、無限的含容力，含容身體的空間及體內的空隙。

事實上，不只身體由五大所構成，整個宇宙的物質現象都是五大的產物。但五大不是單獨的存在，而是交互的融入，所以水中有火、地中有水。如我們身體的地大（骨髓、肌肉）就含有水、火、風、空，而其他四大也是如此。雖然五大能夠交融，但在顯現上要有一定的次第與平衡，否則身體會容易因五大失調而產生疾病。

所以，透過放鬆對五大的調練、控制，一方面可以讓我們對身心產生自在轉換的強大能力，另一方面也能夠讓身心保持健康。在需要時，放鬆也可以成為對治五大所產生疾病的方法。

以地、水、火、風、空等構成宇宙的五大元素自在轉換之理，從心、氣、脈、身、境的完全放鬆，加上《金剛經》中「過去心、現在心、未來心」三心不可得的心要，讓身心完全徹底放鬆、連自我的執著也完全放鬆，安住在法性光明之中。

這套方法的內涵是佛教中極為深祕的修法，但是洪老師將其綜攝成非常簡單、容易使用、效果迅速，而且完全沒有任何宗教色彩的導引法，讓人人都可輕易使用。

放鬆禪法的成效

由洪啟嵩老師親自錄製的放鬆禪法有聲導引，放鬆效果驚人。聆聽者有時在數分鐘內即放鬆入睡，因此，在放鬆禪法導引音樂上，都必須加註「請勿於開車時聆聽」。

這套方法在一九九九年台灣九二一大地震時，曾協助國防部救災官兵、內政部消防署人員災後心靈輔導，成效非常顯著；在二〇〇三年ＳＡＲＳ風暴時，也曾協助台灣第一線醫護人員安定身心。

二〇〇八年中國汶川震災，當時洪老師正巧在中國禪宗的起源地——六祖南華寺主持禪七。大眾中有一位女企業家，小時曾經歷過唐山大地震，雖然倖免於難，但對地震恐懼的陰影仍在心靈深處。這次一聽到汶川大地震的消息，就開始不停地瀉肚子，身心出現不適的症狀，直到聽了放鬆禪法導引，腹瀉的症狀才消失。因此與大眾倡錄放鬆禪法的導引CD五萬片，送至災區各個救災點，作為災後心理輔導之用；除了災民之外，包括救災人員、心理輔導員，都能使用這套身心解壓法。

二〇〇九年台灣八八水災，這套方法除了幫助災民及志工之外，也協助總統府、行政院、法務部等政府機關的同仁紓解壓力。當時前法務部王清峰部長，聆聽放鬆禪法之後，感受深刻，認為能幫助受刑人化解暴戾之氣，涵養心性，特別將一千片放鬆導引CD，分送到全國監獄供受刑人使用。

「救災」、「救人」有黃金時期，而「救心」更是影響深遠。

由此可見，無論是身心壓力的解除，或是鉅大的身心創傷、深層的壓力，都能透過放鬆禪法達到極佳的療癒成效。除了高度改善失眠、憂鬱、焦慮這些文明病之外，它更能讓我們身心的細胞產生一種積極主動的力量，讓身心趨向健康覺悟、光明圓滿。

放鬆禪法的運用

除了運用在身心解壓與養生的功效，放鬆禪法也能快速增長我們的學習能力。洪老師自身是最佳的典範，最為人所津津樂道的，是洪老師風格獨特的禪畫，以及他學英文不到半年的時間，就在哈佛與MIT進行英文演講的故事。

洪老師曾提到其藝術創作的狀態：「身心長期安住放鬆的結果，我逐漸感受到筆拿在手裡的柔順。筆就像跟我的手融爲一體，跟我的心融爲一體，整個完全是一體的，而紙、墨跟我也好像是渾然一體。這樣的筆調，這樣的筆意，我的心、手、字、畫，都是合爲一體的。」這也是為什麼洪老師的藝術創作看起來讓人如此放鬆的原因。二〇〇八年，洪老師所恭繪之五公尺巨幅成道佛，被懸掛於印度菩提伽耶正覺大塔阿育王山門；二〇一〇年，於阿育王山門廣場，書寫十五公尺大佛字，為佛教藝術開啟新頁。

洪老師的英文，也是另一項放鬆禪法不可思議的成效。二〇〇四年，洪老師首次應邀至美東講學，他開玩笑地說，當時他的英文只會一句：「I don't know.」當時他在台上用中文演講，現場英文口譯有些地方並不大恰當，當時我們在台下十分緊張。他後來聽到我們的反應，笑著說，他當時因為完全不懂，所以倒是十分自在。

當時，老師帶了放鬆禪法導引CD送給大眾，大家聽了十分歡喜，希望有英文版，老師就要大家翻譯並錄下英文的導引音樂。但是大家認為只有老師的聲音，才能夠讓大家真正的放鬆。當時老師的英文已差不多忘了，但禁不起大家的請求，只好應允。

回到台灣時，完全從零開始學習英文。我與 Jim 就自告奮勇，每個星期用一至二個小時，當起老師的英文家教。

我自身常年投注美語教學，了解語言的學習是年齡越大越困難，尤其是發音方面。小孩子不一樣，他可以從頭學起，而且非常標準。這也是為什麼，許多華人即使長期居住海外，英文還是有著極重的腔調，無法像自幼在國外長大的孩子一樣，說一口道地流利的英文。

因為洪老師的身心非常放鬆，所以他的發音可以改變。就這樣，在老師學了幾個月之後，便到哈佛和麻省理工學院用英文演講。本書所附的放鬆禪法中英文導引，就是由洪老師親自錄製。洪老師自身為這套放鬆禪法，作了最佳的見證。

洪老師近年來，由於在美國及世界各地推廣禪法及覺性教育，所以舊金山市政府特別頒發榮譽表揚狀，對洪老師以禪法的卓越成就，廣大造福美國人民及舊金山市民，致上感謝。除了美國之外，洪老師在中國北京人民大學、清華大學，上海復旦大學、上海師範大學等知名學府演講教學，也得到了極大的迴響。

二〇一〇年九月中，洪老師應邀出訪至不丹考察「GNH」（國家幸福力），期間與不丹總理及各部會首長會面。不丹教育部長 Thakur Powdyel 並提及，不丹也將禪定運用於學校教育，在朝會及上課前，都會讓學生有一段時間練習靜默。他說：「我們無法完全控制環境，但是我們能幫助孩子有一顆清明自覺的心，抉擇什麼是對生命有益及有害的。」並力邀洪老師一定要回到不丹教授禪定。

無論是東方或西方，放鬆與禪定都是人類身心發展的珍貴資產。

迎接太空禪時代的來臨

二〇〇八年，洪老師應邀到哈佛醫學院（HMS）麻省總醫院（MGH），為科學家們以英文講授「放鬆禪法」，獲得了極佳的迴響。麻省總醫院（Massachusetts General Hospital，MGH）是哈佛醫學院（Harvard Medical School，HMS）的教學醫院；MGH 的教授基本上都是哈佛醫學院的教授。

二〇〇九年十二月，洪老師來此參觀訪問和科學實驗期間，與「放鬆反應」（relaxation response）的研究者——哈佛大學赫伯．班森教授（Dr. Herbert Benson）進行了一個多小時的座談。洪老師與赫伯．班森教授，在放鬆對人體健康的影響、身心醫學進一步的發展方向等問題上，進行了深入的討論，並建立了未來合作研究的意向。

赫伯．班森教授目前是「哈佛醫學院．班森亨利身心醫學研究所」的名譽所長，此所即以其名字來命名。他是將東方有著數千年歷史的傳統心靈技術（如禪定）引入現代西方醫學科學的先驅。他近半世紀的探索和研究成果，使禪修等傳統東方的健康身心方法，逐漸被西方社會所認識和接受，也使科學界對禪修等心靈科學的研究不再認為是異端。最近其最具影響力的《Relaxation Response》的中文版《哈佛權威教你放鬆自療》已在台灣出版發行。

此行我並在洪老師的指導下，和功能性核磁共振成像（fMRI）的創始人 Ken Kwong 教授合作，以我做為實驗對象，進行「禪定及放鬆狀態下腦成像」的研究。

人類即將要進入太空世紀，地球上的生命，未來將有可能與宇宙其他星球的生命相接觸。如果能使地球成為覺性的核心，把這種覺性的光明傳播到宇宙其他的星球或星系，也就是把地球的覺性精神奉獻給宇宙，那將是地球上最美妙與最有價值的事。祈願放鬆禪法能做為太空時代、未來人類面臨長途的太空旅行時，身心保持最佳狀況的方法，及開啟人類「健康」、「慈悲」、「智慧」的重要生命技術。

關於本書

本書共分為七章：

第一章為身心壓力的檢測，分別從頭、臉、頸、腰等生理狀態，及煩悶、焦慮等心理狀態，來觀察壓力在身心留下的痕跡。

第二章說明放鬆對身心的利益，為何現代人需要放鬆。

第三章開始進入放鬆禪法的教學，包括放鬆禪法的理論基礎，及練習前環境、穿著、姿勢等準備工作。

第四章正式進入放鬆禪法的階段練習，從骨骼、皮膚、肌肉及全身各大系統的放鬆，進而化成水、空氣、光明，讓身心徹底放鬆。

第五章為現代人解除壓力的心法，透過「壓力丟棄法」、「太極推手法」、「通明禪」等心法，有效解除壓力。

第六章從生活中體會放鬆，集合了生活中行、住、坐、臥、飲食、呼吸，使用電腦等生活情境的放鬆功法。

第七章二十四小時的養生計畫，綜攝了一天從早晨起床開始一天的生活，讓生活中二十四小時都能以放鬆養生，也是本書幫助讀者再進行最後的總複習。

本書所附的「放鬆禪法中英文導引」線上音檔，由洪啟嵩老師親自錄製，除了開車時為避免立即放鬆入睡，或需要從事高度注意力的工作不宜聆聽之外，其他時間都可以使用，採用立姿、坐姿或臥姿皆可。若是在睡眠時使用，聽到結束的引磬訊號，可不必隨導引醒來，繼續安睡即可。若能依照導引每天練習，必能日起有功，漸入佳境。

祝福一切有緣閱讀此書的朋友，身心安康喜悅，為生命帶來無上的吉祥樂福！

覺性地球協會會長　龔玲慧

第一章

壓力、煩悶何時了？

一般人以為壓力只是精神的壓迫，是屬於心理的範疇，其實並不盡然。當我們思考壓力是如何在我們身心上烙下它的痕跡時，就不能再用過去身與心二元化的看法來看待壓力，而是必須了知身心兩者是互相影響，乃至是一體兩面的。事實上，我們的身體不斷地受到心靈的影響，而我們的心靈也不斷地受到來自身體的影響，心靈與身體其實是緊密的結合在一起，成為一體的。

現代人所面臨的壓力比起古代大得太多了，其中最明顯易見的是生活的外在環境，我們可以從生態環境與社會環境來觀察。生態環境的壓力如工業污染、生態破壞、噪音污染等，以戰爭為例，當時海面上大量的原油燃燒，造成了整個地球生態氣候的改變。而社會環境的壓力則包括了社會的價值觀、文化觀與國際關係等，例如核彈的威脅，是現代世界上每一個人共同的夢魘，而這潛在壓力卻是難以消除的。

由此我們可以了解，現代人所面臨的壓力，已經不再是單純與局部的，而有國際化的趨向了。

■你有壓力嗎？

「叮叮叮！」早上鬧鐘一響，小王猛地一翻身關掉鬧鐘，還想多賴個一刻鐘。再過幾分鐘，他突然驚坐起來，望著鐘慘叫，接著太太也嚇得清醒了。兩個孩子睡眼惺忪，從甜蜜夢鄉中給吼醒，並且在大人一聲令下套上制服趕上學去。匆忙間，四人已夾著早餐飛奔至車上。

這就是他們每天生活的開始。小王每天要忙到晚上十一點才下得了班，老婆也是職業婦女，而且身兼多項慈善事業的義工，還得接送孩子參加各項才藝班。週末假日也有棒球、足球聯誼賽、家庭大掃除、作下週計畫……有參加不完的活動。而夫婦二人已有個把月不得單獨度個週末談談心。爸媽忙，兩個孩子樂得輕鬆，一放學回家，眼睛就黏在電視機上。

小王每每安慰自己：「撐過這段日子就好了！」期待壓力會自然消失，卻不知道自己已經得了「現代人耗竭症」。

當我們受到壓力源的刺激之後，產生了壓力，而每一次壓力在我們身心烙下的痕跡，又形成了個人下一次的壓力來源。例如：當我們回想自己曾經遭到老板或主管責罵的情景，即使當時可能忍氣吞聲，心中卻忿恨難消，事後如果再想起這段經驗，身心就會不自主的反應出忿怒與備戰的狀態。

當我們的身心受到壓力時，身體就變僵硬了，同時因心理的不平，而使呼吸急促，並且壓抑不敢表現出來，所以造成需氧量的不足，新陳代謝產生不良狀況。之後，更影響循環系統，甚至內分泌系統。如果這壓力在心中留下深刻的烙痕時，長期下來，則會使我們的肌肉僵硬、骨骼硬化，增加內臟的負荷，同時也會使內分泌失調，產生很多酸性毒素，最後導致神經衰弱。

如果在每次受到壓力的時候，不將其徹底清除，那麼這種累積將形成惡性循環。而放鬆法正是現代人身心最佳的解壓密碼，只有身心隨時放鬆、柔軟，壓力才不會在身上留下痕跡。

壓力的本質

美國醫學協會的報告指出，現代病有百分之七十五和壓力有關。每年平均有一百萬個美國人死於心臟病和高血壓，企業界花在保險費、診療費及病假造成的損失，總共有五百到七百億美元。起因都是壓力。

壓力是現代人最常見的一種身心狀況，因為不管是從心理或生理方面，我們現在所面對的社會，都會不斷的帶給我們壓力。

壓力（stress），其實原本是力學的名詞，為表現物理現象而使用。依據當初所下的定義為：壓力乃是當物體的某個區域受到來自外界的作用時，物體內部在該區域所產生的抵抗力。

後來，壓力的定義被運用到人體上，也就是說，當我們的身心接觸到外界的冷熱、傷害、病症，或自己的精神受到壓迫等刺激時（相當於外界的作用力），身心會自動操作防衛系統，呈現出反抗力量，這時的反抗力（相當於內部的抵抗力），我們稱之為「壓力」，而將會產生壓力的刺激，稱為「壓力來源」。

一般人以為壓力只是精神的壓迫，是屬於心理的範疇，其實並不盡然。當我們再次思考壓力這個問題，是如何在我們身心上烙下它的痕跡時，就不能再用過去身與心二元化的看法來看待壓力，而是必須了知身心兩者是互相影響，乃至是一體兩面的。

事實上，我們的身體不斷地受到心靈的影響，而我們的心靈也不斷地受到來自身體的影響，心靈與身體其實是緊密的結合在一起，成為一體的。

壓力的來源

由壓力的定義可知道，壓力來源是造成我們有壓力的首要原因，那麼，壓力的來源有那些呢？大致可分為四個種類，即：遺傳性壓力來源；生理性壓力來源；心理性壓力來源；環境性壓力來源。

心理性壓力來源是屬於心理學習的一種過程，即心理的成長所累積的意識。例如我們所思考的事物，所學習的知識，所有的成見、不安、自卑等，都會讓我們造成某種慣性，形成壓力的來源之一。

壓力來源

遺傳性壓力來源	1. 來自父母近親 2. 人類進化的痕跡 3. 個體生命的業力
生理性壓力來源	1. 傳染性疾病 2. 慢性舊疾 3. 運動不足 4. 體能消耗、疲勞過度 5. 受傷
心理性壓力來源	1. 不安、挫折 2. 成見、衝突 3. 道德感、罪惡感 4. 自卑感、優越感 5. 知識、觀念
環境性壓力來源	1. 工業污染 2. 生態破壞 3. 核能威脅 4. 家庭與工作 5. 人際關係 6. 社會的制約

由於受到壓力來源的刺激，才有壓力的產生，而這壓力在我們身心烙下的痕跡，又形成了個人生理與心理的壓力來源。例如：以前曾經關節扭傷而未徹底治療的話，可能會導致年老的風濕痛。

我們可以回想自己遭到責罵的情景，即使當時無法反抗，心中卻已烙下仇恨與成見，往後如果再遇到那個人時，身心就會不由自主的反應出忿怒與備戰的狀態。所以，我們如果不把留在身心的壓力徹底清除的話，這種惡性因果循環的關係，很難終止。

由此可知，「壓力來源」與「壓力」是很難從中將其分隔開的，也唯有清楚的認識這兩者之間的關係，才能個別找出對治這些壓力的方法。

現代人大多都不了解，心理的壓力會在生理上留下多麼深刻的烙痕。其實，我們受壓力時所展現出來的樣態，是不離身與心的。現代生理學上，將人身由粗到細分為骨骼、肌肉、皮膚、內臟、內分泌系統、神經系統、細胞等。而心理乃是指透過身上的器官與外境接觸之後，所形成的思想意識。這些意識對於外境有了別的功能，因此當某人受到壓力時，則此人的意義就會產生變形，同時也使肌肉、內臟、內分泌等受到影響，而產生疾病。

觀察壓力

檢測壓力的生理現象，我們可以從身體上的各個部位來觀察：

❶從頭部觀察壓力

在完全放鬆的狀態下，腦細胞會自然充滿並往外擴生，所以頭骨會很飽滿，釋迦牟尼佛的頂髻就是腦部徹底放鬆的圓滿狀態。

當我們的身心承受極大的壓力時，頭骨會僵硬，腦細胞會緊縮，所以大腦裡面好像空空的。腦部空空不實的現象，如用手輕拍頭部時感覺很硬，沒有彈性，這代表頭部有壓力，有些是屬於腦細胞部分，有些是屬於腦外殼部分。頭部壓力很大的人，他的氣一定不充足，就像一個氣球消氣收縮了；但如果放鬆的話，氣就自然飽滿，此時，輕拍頭部就像拍氣球一般感覺很有彈性。

壓力大而造成氣不足的人，如果拍他的頭，輕拍就會痛，或特殊的部位會痛，這就表示特殊的那個部位特別弱；若不會痛時，則表示狀況還不至於太差。所以太硬或太空都不好，最好的狀況是拍起來像品質良好的西瓜一樣有點彈性。通常頭部壓力太大的人，也容易產生偏頭痛、禿頭等症狀。

解決完美主義者的偏頭痛

有一位朋友，他在工作上的表現十分傑出，生命成長過程也是一帆風順。所以，自然而然地養成非常強烈的自尊心，自認爲無所不能，無事辦不到。他也有很強的完美僻好，任何事情只要交到他手上，上司就可以完全放心。有時候他的部屬能力比較弱一點，他在要求完美之下，往往會幫這位部屬把事情做完。同時他也會帶給部屬和上司很大的壓力，所以，大家對他是敬而遠之。

有一陣子他產生了偏頭痛的毛病，每當工作壓力增加，競爭增強，或是太忙的時候，他的左腦側就會產生強烈的頭痛。事情順利的話，這種狀況就不會浮現，但是每當競爭失利，或是事情做得不夠完善，以及受到上司的批評、部屬的反對時，這種毛病就會出現。這樣的毛病原本是隔很長的時間才偶然發生一次，但是後來出現的頻率愈來愈高。前一陣子，更是生活、工作稍有壓力刺激，就出現這種現象。透過朋友的介紹，他來請教於我。

我仔細觀察他的身體，看到他充滿自信，胸部挺得很高，下巴有點上揚，眼睛強而有力的注視著前方，臉上可以說充滿著一種強力、勇猛的感覺，但是在眼角的深處，似乎有那麼一點柔弱與不安。他的右手比左手更有力、更強壯。他整個右半身比左半身強而有力，從他眼神中所顯現挑釁的感覺，與他整個身體所顯現的強烈陽剛現象，我發覺到他似乎是一塊十分堅硬的鋼鐵。

我跟他分析說：偏頭痛的根本原因是你的左右身體不平衡，左右腦的使用不平衡。所以如果只是針對你的偏頭痛處理的話，再過一段時間，因爲你的生活習慣仍然沒有改變，所以即使是短期內病症可透過藥物或是某種調練而控制住，但是就長期而言，偏頭痛的毛病還是會重複出現，而藥物的控制也必然是愈來愈重。所以說，你必須從調整自己的身心開始著手。

這時候，我叫他將左右手靠攏交叉互相用力，他發覺到，他的右手和左手比較起來，右手顯得那麼的強勁有力且靈活。整個右半部是強壯的，是代表陽剛的一面，而左半部卻顯得較柔弱，不能得到平衡。胸部的挺拔，與整個臉部剛硬的神情，都表示他的陰陽不調和，過剛而不柔，整個邏輯性格、理性完美的要求與強烈自尊心，正代表著他身體右側的強烈。這是根源於左邊腦部的發達與運用過度。我用手指頭輕敲著他的左右大腦，發覺聽起來的聲音是不一樣的。敲右側的大腦聲音比較空洞，而左邊的大腦卻是鏗鏘有聲，然而這種鏗鏘有聲的左側大腦，卻隱隱含著太多僵硬的痕跡。而這激烈的頭痛就是因爲他左半部整個氣血太過強勁，而引起他左腦部末梢血管過度的壓力，產生劇烈的頭痛。

對治

首先，我教他將他的身體完全的放鬆，讓整個身體就像小孩子的玩具多節龍一樣，從頭部、頸骨、脊椎骨一節一節往下彎，把身體的氣自然的吐出；而隨著脊椎骨一節一節的彎下，將胸口的氣，還有脊椎骨的氣，一節一節的吐掉。此時我也輕輕拍他的背部，使他的氣完全的吐掉，再讓他的雙手往前傾，完全的放鬆。當他完全放鬆把氣吐盡的時候，再叫他從尾閭骨沿著脊椎骨一節一節的吸氣，然後讓身體慢慢的直起來，直起來的時候再叫他放鬆，什麼都不想，過一會兒，再重複這幾個動作。這些動作又配合我後續的整個放鬆的方法，讓他整個身體放鬆。

我建議他平時多練習用左手運動，左手拿東西，練習以左手使用滑鼠，讓身體的左右平衡，而且保持一種放鬆狀況。

如此練習過了不久，他的偏頭痛消失了，工作效率變好了，人緣也變佳了，他和上司及部屬間的關係，也從一個競爭者的角色，轉換成合作者的角色。

❷從臉部觀察壓力

從臉部的骨頭來觀察，一個壓力大的人不常笑，而且睡覺時有磨牙的現象，醒來後臉頰會很痠，太陽穴也會痠痛，這是有壓力的現象。所以必須把臉部的骨頭鬆開，讓它的壓力解除，這樣兩頰會自然飽滿。

再來我們可以觀察臉部肌肉的僵硬程度，有些人是皮笑肉不笑，放鬆的笑是要從臉部的肌肉、細胞裡頭笑出來。所以，有時看一個人的笑容也可以察覺出他的壓力。因為笑的時候會牽動太陽穴，若是臉部的骨頭能夠整個放鬆，笑的時候就會很舒服，然後臉形會愈來愈圓滿，皮膚愈來愈光滑細緻，如同嬰兒的皮膚一般。如果再放鬆的更徹底，耳朵的氣血也會很流暢，有時甚至耳垂也會變大。

有些人不自覺地會有皺眉的習慣，這是由過去壓力所造成的慣性，而這種慣性又成了新的壓力。因為有些由壓力造成的慣性，會侵擾到你的身心，慣性生起時，你心中不自覺也生起了壓力，但大多數的人並不自知。

讓靈魂之窗亮起來

在我教靜坐課程的時候，曾有一位學生，來學習的第一天，我發現她眼睛布滿了紅絲，她提到經常感覺到眼睛很澀，容易疲累。

這位女士是一位很成功的女性，在出版文化事業上，她充滿了自信，也充滿了光明前程，但是由於工作的需要，又要兼顧家庭，她必須承受比別人更大的壓力。我發覺到她在展現整個事業進取心的時候，她的身體自然向前傾，而眼睛也因爲不斷的用力，造成了不平衡的現象。

我告訴她：「你眼睛的毛病，是因爲你長期處理文字工作，加上工作上力求強力的表現，你的眼睛太用力了，所以造成長期的眼壓過高。」

我教她練習將眼球放鬆放下，不要用力盯著東西看。接著我教她按摩眼睛的方法：

用兩手拇指摩擦生熱，用指節按摩眼眶的部分，再用手掌摩擦，按摩眼眶四角。注意不要壓到眼球部分，而是在眼睛周圍的眼眶上。

以手掌摩擦的話，熱度比較大，能夠涵蓋整個眼球。利用拇指指頭摩擦按摩眼眶，刺激眼睛周遭的穴道，剛開始時經常非常痠痛，眼淚直流，這是眼內雜質排除的現象。

接著，我教她使用眼球放鬆的方法，讓她想像整個眼球沉浸在整個眼眶當中，而眼眶整個都化成清水，兩顆眼球像擺在透明清水中的黑珍珠一樣，十分舒適。

從眼根的內層到達眼根的外部完全放鬆，然後眼球右轉七圈，左轉七圈，來回的運動。透過這些眼球的放鬆與運動，她的眼睛慢慢有眼淚流出，眼睛比較不澀了。所以我建議她長期使用眼睛的放鬆運動方法。

除此之外，我跟她分析，她的眼睛問題主要跟心的緊張度有關係，因爲心的緊張度，再加上工作上需要看很多文件，以致壓力直接壓迫到眼睛，使眼球向外凸出，而造成眼睛無法休息。如果她能先放鬆，使眼球自然的內縮，從眼根的深層到外層放鬆的話，她的眼睛會讓人感到更加的喜悅、快樂。

眼睛是人類的靈魂之窗。如果眼睛放鬆，自然而然會透露出一種溫柔的微笑。如果你的眼光是代表一種強勢，就無法用眼睛與他人做深入的溝通，使人自然而然的接納。眼睛是可以微笑的。放鬆眼睛，讓它對一切所見的事物都微笑，這世界自然會以美麗的微笑回饋給你。

讓我們減輕眼睛的壓力吧！減輕的過程當中，不只可以使眼睛輕鬆地看到外界更多的事實，也可以透過我們身心的放鬆，從眼睛射出整個心靈智慧的光芒，來看透世間萬物更深刻的眞相。

❸ 從頸部觀察壓力

頸部貫穿我們的頭部和身體，如同交通的樞紐般。從頭部的命令到身體，它是我們身體的指揮與傳導系統的中間站，所以它是思索和行動的接合處。頸部若沒有妥善照顧，會使整個生命的指揮系統有問題，因而對我們身體造成很大的傷害。由於現代人的生活很緊張，身體一緊張，肩膀就會往上縮，造成頸部關節氣的不足，而頸椎的部分活動力也會降低，無法很自然地轉動。

我們可以用以下的方式來觀察——

(1)頭部前後轉動，整個頭先向右後方轉動，再向左後方轉動，看頸部是否毫無痠楚，以及能夠轉動到什麼程度。

(2)將頭部盡量向前垂下，看能否使下巴抵到胸部，再將頭往後仰，眼睛盡量朝後上方看，看頸部可以彎到什麼程度。

(3)頭部向右傾，不要聳肩，也不要曲頸，只是平平的向右傾，到頂點之後，再向左傾，看耳朵是否能碰到肩膀。

以上的動作，可以檢測出頸部的壓力狀況和緊張程度。如果在做這些動作時，頸部僵硬，無法靈活轉動，則要好好注意才是，因為這是身體健康的重要指標。無論是就印度教或佛教密宗而言，頸部是語言的脈結（恰克拉），它與生命的組合有很重要的關係，所以頸部的放鬆是非常重要的。

❹ 從肩膀來觀察

醫療技術的進步，造成現代人平均壽命延長，但是我們所面臨的身心壓力，有增無減。而最容易從外在觀察到的，以肩膀最明顯。

由於許多現代人的工作型態是長時間坐在辦公桌前，身體往往會自然地前傾。

再加上身心環境壓力大，肩膀常會往上聳。而肩膀往上聳的現象會使我們肩膀的骨頭、肌肉壓力愈來愈大，長此以往，造成血液循環不良，肩膀痠痛，有時擴大至肩胛骨。肩膀長期往上拉緊，會造成肩膀和頸部的緊張，使血管收縮，整個筋骨僵硬，而引發頭部血壓的增高；血液循環不良，也使我們的血管更加脆弱。

就輕微狀況來說，壓力使我們的肩膀、背部、腰部痠痛，整個頸部轉動時不柔軟，頭腦思索力減低，反應減弱；嚴重的話，可能深刻的危害我們的健康，甚至使我們的生命受到很大的危害，這時候，腦中風、血管硬化、破裂等等疾病就紛紛出現了。

其中，最具代表性的就是「頸肩臂症候群」，也就是手臂懶散，肩膀僵痛，整個頸部到後腦都疼痛等。由於現代人普遍長期使用電腦，更容易出現頸肩臂症候群，壓力自然會堆積，頸、肩、臂也就痠痛了。

我們可以在日常生活中，不經意時檢查一下自己的身體，看看肩膀是否緊張或上聳。現代人緊張高聳的肩膀，是身心承受壓力的表徵。若我們能把全身的重心往下放，則肩膀活動的空間會變大。真正良好的狀態是要「沉肩」，讓肩部的重心往下掉落。

身體的重心本來是在丹田之中，當我們把身體的重量落在腳掌，同時兩肩自然而然的放鬆，往下沉下去，這時整個身體柔軟，碰到任何外在的突發狀況，身體會在我們心靈的指揮當中做最適當的反應，也不容易受傷。

減輕肩上的負擔

多年前，我在一個聚會場合，看到一位女性朋友，只有二十幾歲，但是她的肩膀高高的聳起，十分緊張。我告訴她：「你可能已經得了三十肩了。」她乍聽之下，沒有會意過來，她說：「怎麼會有三十肩呢？不是聽說只有五十肩。」我說：「看你的狀況，你應該有五十肩的毛病。但是你還未到五十歲，或許是三十歲吧，所以說應該是三十肩吧！」她聽了心服口服，因爲我一語道破她長期肩膀痠痛的毛病，有時候，甚至累得整隻手都提不起來。

她這種狀況主要是因爲長期緊張的關係，因此身體的重心一直往上提，兩肩長期高聳的結果，造成整個肩膀的毛病。再加上長期穿著高跟鞋，十個腳趾受到壓迫，使內臟的氣血不流暢，而腳跟的拉高，也使兩腳的後腳筋到整個胯骨、肩胛骨、脊椎骨緊張上拉，所以更造成了兩肩緊張往上拉。

我請她轉動一下頸部，果然發現她的頸部十分僵硬，轉動的幅度很小。這時她才感覺到事態嚴重，請教我該怎麼辦。我說：「其實這是很簡單的事情。首先，在沒有必要的場合，不要穿高跟鞋，身體的重心能自然往下沉；萬一必須穿高跟鞋的話，最好選擇不會壓迫腳趾的鞋子。其次，走路的時候，整個肩胛骨要往下放，腰部放鬆下落，而讓肩膀自然下垂，使胸部的肺活量增加，氣血更加流暢。」我快速地導引她的雙手放鬆，並教導她能迅速解除肩頸壓力的放鬆操，她高聳的兩肩終於放下來了。

她感覺到十分的舒適輕鬆，似乎解下千斤重擔一樣，鬆了一口氣。但是，也感覺到十分痠楚，這是因爲她整個放鬆之後，長期積聚在體內的酸性物質被釋放出來。

接著，我讓她練習全身從頭到腳的放鬆。她整個十根手指頭，原本是扁扁的，手足冰涼，這時，慢慢地有了暖氣，指頭也慢慢地飽滿起來。

再來我教她正確的走路方法：走路時一定要讓肩膀放下，整個肩胛骨往下掉，整個腰鬆下來，讓脊椎骨和地面保持垂直，而兩腳的腳後跟要往下沉。走路時腳踏實地，一步一步的走，如此，整個肩膀的壓力會自然往下沉，讓重心自然在丹田當中，而重量慢慢落在腳底。持之以恆的練習，全身的氣血流暢，肩頸的毛病也就會慢慢消除了，告別五十肩與三十肩。

❺ 從胸部觀察壓力

華人的胸膛大部分有內縮的傾向，這是一種由外往內壓抑的含蓄個性、重視承擔而造成的。這種姿勢會使肺活量減弱，整個胸部無法發達，以致五臟六腑往內壓縮，產生壓力。如此，則整個胸腔活動空間變小，活力也減弱，呼吸會受到影響。另外一種情形是胸腔過度向外凸出，如許多歐美的人胸部太擴大，胸部過度往外擴張，似乎活力很大，但往往智慧的細密度不足，心肺力不足，這是由內向外的壓力，並不是一種健康正常的狀態。

胸、背處於平衡的狀態時，胸膛是整個飽滿的，從側面看是一直線，肩膀也是一直線，也就是肩膀前後飽滿平衡。像佛身三十二相中的「師子胸臆相」，就是形容佛陀的身心完全放鬆，所以胸臆如同獅子一般，空間極大，胸腔的內臟有極大的空間，不會受到壓迫。

❻ 從腹部觀察壓力

腹部是飲食消化的主體，只要一緊張，胃就容易消化不良。腹部最好的狀態是軟硬適中，不能太軟，太軟可能是氣太虛；太硬的話也有問題，不過如果是運動造成的結果，則無妨。若一般人胃部太硬，大多是長期處於壓力狀態的顯現。學習放鬆的人，在剛開始時胃仍是硬的，但到最後就會軟硬適中。

一般上班族因工作過度，累積太多壓力，很容易患胃疾或十二指腸潰瘍。腸和胃同屬消化系統，如果太過緊張，腸的作用也會惡化，容易產生便祕、下痢等現象，或交相而來的病症，這都是長期壓力的結果。

❼從腰部來觀察壓力

我們常說：腿是根，腰是莖。腰、腿是我們健康的指標，兩隻腳彷彿是人身的插頭，而腰部是可以讓電源起動之處，是生命傳承很重要的地方，如果此處衰弱的話，我們的生命力就會降低。所以若是腰很緊張、很僵硬、壓力很大，會造成腰骨僵硬，這時，若用手去按腰部的脊椎骨，經常是缺乏彈性，這也是長期累積壓力的結果。

❽從神經系統來觀察壓力

長期處於壓力狀態的人，經常感覺全身疲勞、心焦氣躁、食慾不振，有失眠、健忘等症狀，但又很難判斷出其他的疾病，而被診斷為「自律神經失調症」。

自律神經包括交感神經和副交感神經。如果產生壓抑感時，大多是心理不安、恐怖等的心因性因素所引起的，交感神經會起強烈的作用，刺激全身的緊張和興奮反應。然後，副交感神經發揮作用，使全身鬆弛、鎮靜。自律神經便是以此方式來對抗壓抑感，藉以保持身心兩面的平衡。這是潛意識層面的我執行為，是人體的防禦結構自然產生的反應。

但若一連串的壓抑感撲襲而來，只靠自癒力，似乎不可能完全紓解身心的緊張狀態。因此自律神經功能失調後，易引發全身疲勞、頭痛、四肢乏力、胃痛等。

❾ 從血壓來觀察壓力

壓力也可能造成高血壓。平常心裡只要有些緊張，局促不安，或心裡害怕，血壓就會上升。當然這現象是暫時性的，很快就能恢復正常；但是如果長期處於壓力狀態，高血壓就會成為常態。由於高血壓症容易引發腦出血、心臟病、腦梗塞等死亡率極高的疾病，不可不慎。

放鬆可控制血壓

高血壓的普遍，名列現代人「三高」之一，長期處於壓力狀態，是造成高血壓的主因。透過本書所教授的放鬆方法，可以有效對治壓力所引起的高血壓。

心念對身體所產生的影響，超過我們的想像。

我記得在國中二年級的時候，當時只有十四、五歲，透過觀想的方法，感覺到可以控制心跳的速度，可以控制自己的血壓，也可以控制皮膚的局部溫度，而這種現象在我當兵的時候，在醫院檢查也得到了證實。

後來我在服兵役時，跟醫學院畢業的同袍提及血壓是可以自己控制的，他認爲這是不大可能的事。後來我以自身實驗，讓他以儀器測量，確實證明了我的論點，他終於相信用心念控制血壓是可能的。從此之後，他也勤學坐禪與中醫，這次的經驗使他對整個身體的觀點變得更寬廣。

身體的血壓高，事實上是可以透過禪定或放鬆的方法，來使血壓減低。尤其是當我們碰到突然的緊張狀況時，首先要讓我們的心放鬆，呼吸放鬆，再到整個身體從頭到腳都放鬆，如此調整可以使血壓保持正常；而長期性高血壓的人，也可以透過這個放鬆方法來降低血壓。

現在十分流行靜坐或是氣功，而正確的禪坐或者氣功，確實可以讓我們自由自在的改善身體，也可以在一定的範圍內降低我們的血壓。但是，若是觀念或方法錯誤，未蒙其利反受其害。

打個比方來說，有些修學之人，自從練功後，臉色變得十分紅潤，而自以為功夫學的很好。但是若仔細觀察，其臉色紅潤若只是在表皮上，則是血壓升高的現象，因為眞正的皮膚紅潤是整個氣血流暢，宛如嬰兒一般，在其皮膚的內層煥發出像嬰兒健康的紅色，而不是在皮膚表層展現出赤紅的顏色，這是要加以注意的。

尤其是，將意識專注於腦部的方法，並不適合長期使用。因為意識專注於腦部時，會造成整個血液往腦部集中，壓力增加，就會造成血壓上升。這種情形，如果只是短時間五分鐘或十分鐘，是不會有大礙，但若是長期如此，則容易造成血壓慢慢升高，「紅光滿面」，還誤以為是氣血充足。

建議要使用這些方法的人，如果是為了對治打瞌睡或是培養專注力，在短時間內可以將意識專注於腦部，而使精神不會昏沉。如果是長時間的話，就不要把意識專注於腦部太久，因為這樣對腦部充血，會有不良的效果，長期下來，容易形成高血壓。這是必須特別注意的。

■覺得很煩嗎？

床邊的鬧鐘已經叫得聲嘶力竭，她才不耐地按下鬧鈴，即使知道再賴床就要遲到了，就是不想起身。眞希望就這麼沈沈的永遠的睡著，不必醒來面對這麼多煩人的事。

什麼事呢？也說不上來，似乎和每件事都有關，又似乎和每件事都無關，或是，覺得想把自己悶悶地關著，暫時阻隔對外的一切通路，以爲這樣就能好好的休息一下。

只是，它似乎是個無底的黑洞，越不願去看清楚，越是煩，越是悶，就像心中壓著一塊石頭，舉不起，放不下，越睡越沈，越休息越累，越提不起心力來處理事情。失序的生活又雪上加霜，像滾雪球般讓她更走不出煩悶的黑洞。

「煩」是十分根本的負面情緒，而當生活面對了失序，而顯露出煩亂，或是心情鬱結，而沮喪憂愁煩悶，都將使我們的心身，受到傷害。

煩悶

煩悶、煩惱、煩亂，總是一個煩字，只是面對不同情境，或表現方法不同而已。

當煩悶來時，心中糾結難解，不知如何是好，只好生著悶氣，讓自己的心身，無畏的耗損著。

煩惱來時，當然是千頭萬緒，無法開解；心中雖然十分惱怒，但是總沒有用強烈的憤怒來表達，心中只有像走馬燈一樣，轉來轉去。不是對自己惱怒不滿，就是對他人不敢苟同，乃至對事、對物，都充滿了不平。

煩亂則是由於面臨了生活的失序，使平常的生活機制都完全紊亂了。生活、工作、家庭、人際關係，乃至感覺，都如亂線一樣，理不出頭緒，隨時會爆發奔洩。這時生氣的對象，從自己、家人、朋友到同事，心中無法控制，有時又沮喪萬分，情緒失控。

煩惱就像一團被貓咪弄亂的毛線一般，到處亂滾，完全無法掌握適當的線索；千頭萬緒，纏滿全身，卻不知如何開解。這種煩亂的現象，不只讓我們心亂如麻，更會傷害我們的身體，讓我們失去所有的人生優勢，並且無法與人好好的相處。

要療治煩惱的心靈，千萬不要在煩惱的糾纏中，去尋找解套的線索。而是應當從煩惱叢中跳出來，直接回復未煩惱前的清明本心，或是以創造性的行動，來跳脫現在煩惱的情境。當我們跳出煩惱圈中，以另類的心靈，來觀照本來的煩惱時，有時也不禁啞然失笑，不知自己為何竟會煩惱那些事情。

不煩的心，需要清明的覺察和觀照，不落入煩惱的陷阱裡，才是最有智慧的人生。請注意，沒有能力煩惱的人，千萬不要去煩惱，以免成為習慣。但有能力煩惱，能在煩惱中出入自在的人，又何必煩惱呢？

煩惱太可怕了，就像海浪一樣，日夜拍擊著心靈的堤防。千萬不要讓心靈的堤防崩潰，否則那種傷害會很可怕。

無聊

煩悶的人常會感覺到無聊，無聊看來好像不是什麼大毛病，但發作起來，非同小可。君不見，許多青少年砍人、擄人，不只是因為覺得無聊嗎？

無聊就像牙痛一樣，隨時隱隱作痛，十分的討厭。這時當自己感覺沒有樂子的時候，還會要求別人為你找樂子。因此，許多可怕的動作，像飆車、看人不順眼、砍人等一些奇怪的事，就是在無聊的神經麻痹中，瘋狂做出。一時的強烈感官刺激，換得了剎那的存在感，有時也可能換得了長久的悔恨。

無聊也像鬼影一樣，難以捉摸，這樣的情緒，飄忽不定，有時可把人折騰慘了。無聊讓我們感受到無所事事，感覺做什麼事都不對勁，靈魂在我們的心中，若有若無。

無聊的人心中感覺無法滿足，卻又有著極深的空虛感，心中的渴望，宛如一片迷霧，沒有清晰的樣子，希望別人為自己創造刺激，而時間的感受有了奇異的扭曲。心中充滿了虛幻的妄想，卻又不想行動，但有時又在亢奮中，做出強烈的行為。

無聊是每一個人都常有的情緒，對身心也不一定有什麼大的不利，但當無聊成為習慣，而且愈來愈強烈時，一定要想辦法療治。

無聊是一種心理不負責的現象，因此當我們自行觀照心靈，使自心清明自覺，並負責的為自己的心靈找些樂子，讓豐富的生命滿足自己的心靈，我們應當不會因為無聊，利用殺時間，而謀殺自己的生命與幸福吧！

焦慮

在現代這個身心受到極大壓力的時代裡，我們最常看到的心靈病徵是焦慮感。焦慮感帶給我們心中十分的煩躁、驚恐，讓心中用無比負面的情緒，將可怕的想像化為現成的事實。

焦慮感是心靈病態的恐慌症。由淺而深，就是從警覺、疑慮、憂慮、緊張、急躁、慌亂到焦慮等。

當我們的心靈不夠明覺安寧，而面對如此忙碌的現代社會，再加上負面資訊大量的傳播，在心靈壓力不斷急迫的擠壓之下，往往就產生了深淺不一的焦慮感。

你需要放鬆嗎？

壓力檢測站

當我們的身心承受過多的壓力時，會顯現各種警訊。下頁的小測驗可以幫助我們測量身心健康是否已經亮起紅燈。

現在請加總一下自己所打「✓」的數量，如果有七～十二題，表示我們的身心已嚴重地受到壓力的侵害，非常需要學習放鬆。

如果你回答「是」的有四～六題，表示壓力的現象已悄悄地在身上出現，學習本書的放鬆法，將有助於我們防範壓力侵害以及疾病的產生。

請你回想一下自己近日的身心狀況，如果有下列所說的情形，就打✔。

☐ 1. 是否經常注意力無法集中？
☐ 2. 是否經常忘東忘西？
☐ 3. 是否經常判斷有誤？
☐ 4. 是否經常感覺脾氣暴躁、容易生氣？
☐ 5. 是否經常緊張、焦慮不安？
☐ 6. 是否經常情緒低落，提不起精神？
☐ 7. 是否經常情緒容易激動？
☐ 8. 是否經常習慣孤單一人，不願意見人？
☐ 9. 是否經常有挫折感，感覺自己像個失敗者？
☐ 10. 是否經常昏昏欲睡，或晚上睡不著覺？
☐ 11. 是否經常晚上做夢？
☐ 12. 是否經常早上起床時，老是感到心情不愉快？
☐ 13. 是否容易頭昏沉沉的、腦筋很不清晰？
☐ 14. 是否感到眼睛很疲勞？
☐ 15. 是否容易肩膀或脖子僵硬或痠痛？
☐ 16. 是否容易肌肉繃緊又疼痛？
☐ 17. 是否容易消化不良、便祕或下痢？
☐ 18. 是否容易冒冷汗？
☐ 19. 是否容易感冒？
☐ 21. 是否常頭痛或偏頭痛？
☐ 22. 是否感到疲勞久久不消？
☐ 23. 是否容易做點事就容易感到疲倦？
☐ 24. 是否因為太忙而懶得運動？

如果回答「是」的有三題或以下，那麼表示身心對壓力的承受程度良好。那麼本書的放鬆法，不僅可以使我們的身體更加健康，更能防止老化，使生命更加有活力，永保青春、健康。

壓力檢測的方法

當我們經過了前面的測試，確實了解自己的身心狀況後，大概就可知道，自己的身心哪一部分正遭受壓力的破壞。另外，再提供一些方法，讓我們可以隨時隨地的檢查身心狀況，進一步增強自己對壓力的管理能力。

壓力是很容易顯現的，講一句話的剎那，心和身事實上是馬上有變化的；不過有些人要很具體、很明顯的變化才會被看出。（其實你心裡面一個細胞動了，理論上你是可以察覺到的，但是對現代人來說幾乎是天方夜譚。）因此，必須在生理上找出明顯的現象，然後方便我們檢測自己到目前為止所受壓力的現象。

❶ 末端經絡檢測法

有關壓力的檢測，在生理上，我們可以用末端的神經反應來檢測身體上的壓力和疾病。就中國的經絡學來說，我們可以從手掌、腳掌、頭部、耳朵來看，這幾個部位代表全身器官末端經絡的走向，所以能顯示出全身部位的狀況。假設身體某個部位受到壓力，手掌或腳掌某個地方就會疼痛，所以我們可以用這種按壓「反射區」的方式來檢測。

而就一般人來說，手和腳掌比較容易檢測，耳朵因較小比較難檢測，但仍可以用原子筆大小的東西來壓它，如果某個地方有毛病，那受壓的部位就會痛。眼睛也可以。但無法用壓的方式，只能用看的，如果眼睛有黑點或是血絲，就表示某個地方有毛病，所以有些中醫師是以看「虹膜」，即病人眼睛中眼球的徵兆來作診斷的。

❷ 肢體讀取法

還有一種檢測的方式是用肢體的浮虛來看。假如我們身體背部緊張的話，緊張的部分會突出，而且會僵硬，沒有彈性，而放鬆的部分就有彈性。所謂看肢體的樣貌來檢測，比如說，右手比較長左手比較短；左腳比較長右腳比較短；前面比較強壯後面比較弱；右肩比較鬆左肩比較緊……等，這些都可以做檢測。

有些人以心理學派發展出身心合一的療法，那就是強力按摩的療法。假如你的背很僵硬，透過強力按摩後，會像打禪七時有大哭的現象，哭完後背就好了。因為裡面含藏很多心靈的能量以及情緒蘊積在裡面，這是他們將身心融合的看法，透過肢體的讀取來了解，不過這基本上只能治標無法治本。

❸ 活動關節檢測法

現代人的身體僵化程度可從頸、腰、肩膀看出。由於肌肉緊繃造成骨頭關節活動範圍縮小，同時也因彎腰駝背的不良姿勢反而更加大了脊椎骨的壓力。

活動關節檢測的方法是以人體的中軸為主，如頸部和腰部。頸部內有呼吸道、消化道、中樞神經、血液循環等，也是發聲之處，如果頸部能隨時隨地放鬆，將有助於健康。腰也是一個健康的指標，它是生命傳承很重要的地方，如果腰部能放鬆，將會使生命力增加。

(1)首先是頸部的檢測

・將頭前後轉動時，是不是毫無痠痛。

↓

・將頭朝前向下，看下巴能不能靠到前胸。

↓

・將頭往後仰時，能仰到什麼程度。

↓

・將頭向右肩靠去，但在肩膀不要聳起來的情形下，右耳是否能碰到肩膀。

↓

・將頭向左肩靠去，但在肩膀不要聳起來的情形下，左耳是否能碰到肩膀。

↓

・將頭部做圓形環繞運動，是不是很緊。

(2)再來是腰部的檢測

- 上半身往前彎，手指尖能否碰到腳趾頭。
- 上半身往後仰，看能彎到什麼程度。
- 上半身往右彎，右手手指能不能碰到小腿。
- 上半身往左彎，左手手指能不能碰到小腿。
- 整個上半身做繞環運動，會不會感到痠痛。

如果在做以上動作時，感到僵硬、痠痛，那就表示你的腰部已有壓力現象產生，可多做放鬆的體操動作，改善狀況。

(3)肩部的檢測

- 將你的右肩向上聳，盡量碰到自己的右耳，但頭部要保持直立。
- 將你的左肩向上提，盡量碰到自己的左耳，但頭部要保持直立。

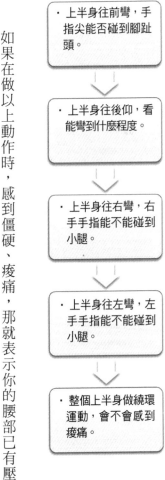

順。

我們的兩肩會因緊張而上聳，造成氣血不順，而影響頸和頭部，甚至呼吸不做了以上動作，就能知道自己有沒有徹底放鬆。

第二章

身心放鬆，最經濟的生命投資

當我們身體的每一部分真正達到徹底的放鬆時，身體由於氣機充滿，會像小嬰兒一樣皮膚紅潤且血液流通順暢、新陳代謝良好，皮膚飽滿充滿了彈性，宛如海綿或氣球一般，身體姿勢自然很健康、正確，而絕不可能是像洩了氣的皮球一般鬆垮垮的。

放鬆還可以幫助我們在事業上有更大的精力、毅力與智慧，並可以不斷地持續努力，更容易發現機會、掌握機會，創造成功。

■最經濟的生命投資

什麼是放鬆？

◆放鬆就是沒有執著

我們身心壓力最根本的來源有兩個：一是自我的執著，二是慣性的力量。

生命自我的執著，使我們產生自我保護的本能，在這種我執的保護之下，遇到外來的壓力刺激時，身心自然會產生防衛系統與其對抗，形成我們身心的壓力，這也是壓力形成的最主要原因。

而生命執著的慣性，讓我們在受過某種壓力後，再遇到類似的情境時，心理自然也會產生防衛作用，即使當壓力狀況解除之後，我們的身心仍會慣性地保持在當時的一個壓力樣態之中，造成新的壓力。俗話說：「一朝被蛇咬，十年怕井繩。」就是這種現象的最佳寫照。

很多人在放鬆時，都是注重於外在環境壓力的去除，卻不知道根本的壓力解決之道，必須將我們生命內在的執著完全放鬆。

當我們不執著時，生命根本防衛系統的內在緊張自然而然消失了，每個心念、每一個因緣，對我們而言都是全新的體驗，每一天對我們而言，都是新生的一天，生命徹底的放鬆，讓我們不再受到慣性的制約。

什麼是放鬆？放鬆就是沒有執著，就是使我們身體所有的壓力消失，使我們的身體像空氣一樣、像光一樣，那麼自然、那麼柔軟，可以深透到宇宙中的每一個部分。

讓我們的所有壓力都放下，跟整個大地結合在一起，讓生命完全沒有執著，徹底放鬆，這是多麼舒暢的事情啊！

放鬆使我們的身心得到解脫，讓整個生命充滿了喜悅，充滿了力量！

◆放鬆不是鬆垮垮

有的人以為，放鬆就是看起來一副鬆垮垮的樣子，其實不然。當我們身體的每一部分真正達到徹底的放鬆時，身體由於氣機充滿，會像小嬰兒一樣皮膚紅潤且血液流通順暢、新陳代謝良好，皮膚飽滿充滿了彈性，宛如海綿或氣球一般。當然，我們也沒看過一般正常的嬰兒是彎腰駝背、鬆垮垮的，反而是像吹飽的氣球，充足飽滿！

所以，當我們的身心完全放鬆之後，身體會變得很輕靈，充滿了活力與彈性，身體姿勢自然很健康、正確，而絕不可能是像洩了氣的皮球一般鬆垮垮的。

相反的，身體鬆塌，是代表身體內部沒有放鬆，反而容易使五臟六腑受到壓迫。身體放鬆，就如同一個充滿了氣的球，其內部應能平均支撐著外形；身體內部放鬆時，也應是這個道理。所以，放鬆的人，身體會像孩童一般，氣機自然充飽，一點也不會彎腰駝背。

◆放鬆是人類的本能

放鬆是屬於人類本具的能力，也是每一個希望生命昇華的人所必須修學的。

當我們全身放鬆時，自然而然重心就會下沉到丹田（臍下四指）的位置，身體靈活自然，常保健康，如同小嬰兒身體放鬆，自然以丹田呼吸。當我們輕輕推動兩歲幼童的身體，他會自然以腰為中心，靈活的轉動。所以，幼童生機充盈，有著無窮的生命力。

不過，當我們逐漸成長後，由於現代生活緊張、環境惡化，而使身心倍受壓力。再來，更由於我們觀察能力普遍不足，而使身心容易對這些壓力情境產生慣性，無法跳脫出來，導致我們放鬆的本能逐漸被遺忘掉。因此，我們必須要喚起這個被遺忘的本能，來進行身心的改造，活化生命力量，創造生命進化的新契機。

◆放鬆是科學的方法

放鬆是一種提昇生命層次的方法，這個方法也是非常科學的。放鬆的練習過程中，我們會發覺身心在逐漸變化，而且每一個人的變化，也會隨著自身身心條件的不同，而有所不同。

其實，人的身心本就時時在改變中，卻由於變化緩慢，我們又少去注意，所以多半不會察覺。

所謂放鬆的方法，就是經由放鬆的導引，使身、心逐漸轉化成安定，而不受制於壓力的左右，這是人人可以實驗實證的，非常的科學化。

何時要放鬆？

◆隨時隨地都可以放鬆

放鬆，不是身心的特殊狀態，不是只有在每天特定的時間練習而已，而是隨時隨地都可以放鬆。也就是在每個當下，時時覺照身心狀況，一旦察覺身體的任何一個部分緊張了，就把它放鬆，把放鬆與生活打成一片。

要能實際體會放鬆，就要不間斷的練習；每日、每月、每年，日積月累的累積，更能使人不斷的進步。而且更進一步的是，要將放鬆恆常日久的化入生活之中，改善整個人生，如此才能不斷昇華自己的身心性命，而達到究竟圓滿的境地。

放鬆是正常而且有助於健康的，是身、心處於一種自在任運的狀況，而不受壓力的傷害。更進一步，則能擺脫我們生命最根本、最潛在的慣性。所以放鬆可說是能夠提升我們管理身心壓力及達到生命自由的方法。

雖然人們學習放鬆的目的各不相同，有些是為了健康的理由，有些是為了心靈的清淨等。一般而言，這些希望都會在學習放鬆的過程中得到滿足。

放鬆的好處

◆防止身體老化、恢復生命活力

每個人都有不同的心願，然而，健康的身心幾乎是每個人共同的心願。放鬆對人類的心智與生理的成長皆有極為良好的影響，不但能夠防止身體的老化，甚至能夠使身體細胞再生，恢復生命的活力。另外，放鬆使我們心靈更能專注，記憶力增強，反應力與理解力也提高。

◆消除壓力

放鬆可以幫助我們解除壓力，達成許多現實人生的目標。在學業上幫助我們學習得更快更好，在人際關係上使我們的個性更開朗，更和諧，與他人相處得更融洽。

◆最經濟的健康投資

放鬆還可以幫助我們在事業上有更大的精力、毅力與智慧，並可以不斷地持續努力，更容易發現機會、掌握機會，創造成功。在情感上，放鬆可以讓人具有更細膩的心思、更佳的協調能力以及無邊的愛心，使彼此的關係更和諧、更幸福。

只要我們每天投資一點點時間，學習放鬆的方法，就能獲取人生最大的產出，創造圓滿人生！

■人類身心再革命

◆邁向圓滿的身心演化

在生命發展過程中，我們的身心由於對自我的執著與保護，造成無時無刻都處在緊張的狀況，結果，在成長過程中就逐漸僵化。

這種僵化不只使我們的骨骼僵硬，也常常因為在生活過程中，不能和諧使用我們的身體，而使身心處處顯現出不平衡、不統一的現象。以骨骼的結構為例，這種不平衡造成了骨骼間接合的不圓滿。而我執緊張的結果，又使得骨骼間緊緊結合不放，造成身體結合的障礙。

其實，人類的身心還沒有完全進化，還有再進化的可能。可是我們現在不但沒有讓身體更增上，反而不間斷的耗損身體，減損天年。

我們可以觀察佛陀的身相，佛身具足「三十二相、八十種好」，是人類生理發展的最理想狀況。佛身不只在造型上十分莊嚴圓滿，而且在人體的構造上符合物理運動的原則，可以說是人類身體最圓滿的進化型態。

我們觀察佛身可知：在外形上，能讓正常人欣喜接受；在比例結構上，讓人感覺到十分的莊嚴；在生理構造上，讓自身感覺舒適自在，身體不易疲累；而在運動上，也能運用最大力量，產生最大的功能。

如何讓我們的身心達到這種圓滿的進化呢？只有身心徹底的放鬆，讓生命執著的根源解套，才能達到這種圓滿的境界！

◆與壓力和諧共舞

許多人常讓自己的身心處在兩極的狀況——極度的緊張與極度的鬆弛。在這種兩極的狀況下，我們不只無法體會人生的美妙，而且是與養生的原則相違背的。

當琴調在鬆緊適度的時候，我們能聽到美妙的雅音；生命就像高山、低谷、綠地、流水一樣，充滿了各種自由自在的喜悅變化。

過緊的琴弦，容易斷裂；過鬆的琴弦，無法彈奏旋律；一來傷害生命，二來浪費生命。而生命正是人生中唯一不可追回的消耗品。

在現實的生活中，適度的壓力或緊張，可以幫助我們達成工作的目標，而在長遠的人生旅途上，也可激勵我們不斷地走向生命的完美與自由。但是，要能自在運用壓力，只有徹底的放鬆，只有真正的「放下」，才能再「提起」。

面對現代壓力越來越大的環境，我們只有強健自己的身心，才是根本的解決之道！就如同要一個七、八歲的小孩去揮舞百斤重的大鍾，不但無法揮舞出其中的妙處，甚至還會將自己打得頭破血流；但如果舞錘者是大力士的話，那就易如反掌，且能將精微巧妙之處，發揮的淋漓盡致。

不管外在環境如何，一個懂得鬆緊適度的人，才具備了生命的睿智。外在一切的來來往往都是在當下完成，宛如「船過水無痕，鳥飛空無邊」一般，我們的心時時放鬆自在，時時空靈活潑，以平常心，智慧地生活在人間。

讓我們身心完全放下，生命恆處在鬆緊適度的狀況吧！讓人生就像遊走琴弦般地自在，有高山、有低谷，有泉水、有綠木、有晴空、有風拂，工作時就奏出壯麗的天樂鳴空，休閒時就吟出泉水的低語淙淙，讓生命就像詩、像畫一般，揮灑出璨麗的色彩、自由自在的扮演一個人生的藝術家！

◆徹底的生命自由

生命因為自我的執著，而產生了肉身的存在，也成為我們身心緊張與壓力的根源。

本書第四章所介紹的放鬆禪法，正是讓我們從不斷的練習放鬆中，逐漸地將身心的執著一層一層的鬆開去除，到最後甚至連意識最深層的生命慣性都已鬆開了。

這時我們終於了知，這個世界是真實與虛幻的相對存在，如此才體認到生命的無限自由，即解脫與自在。

一個生命自由的人，不會再有慣性的動作，不再因一切的外相而產生煩惱，他的每一個念頭都是獨立的，都是圓滿的，都是和「緣起觀」相應的。有了這種境界，也就有了所謂般若的智慧，這就是六祖慧能大師所謂的「無念」，也就是「念念不為念念所縛」。

無念，就沒有制約，每一個念頭都是當下，每一個念頭不再控制著下一個念頭。心，徹底鬆開了；身，也鬆開了；境，也鬆開了，達到生命徹底的自由。

◆慈悲與智慧再昇華

一個學習放鬆的人，身心將逐漸健康與清淨安寧，並且能時常生起慈愛友恕的心，對一切生命視同手足，逐漸遠離貪欲、瞋恚與痴迷，而將之轉換成慈悲、智慧與信賴。

所以，學習放鬆可以改善人的內心世界，使我們更敏銳、明晰，更有睿智與遠見，等到每個人都有深刻的放鬆體驗時，愛「人」、愛「世界」將成為一種常態。

前面所說佛身的形成，也就是心靈徹底放鬆後的完全淨化，充滿了悲心與智慧，以之穿透氣、脈、身，使之完全清淨無染、柔軟沒有障礙而成就的。

例如，佛身有頂髻（無見頂相），正是智慧圓滿，腦部功能完全進化後所產生的現象。而佛身皮膚細滑平滿猶如嬰兒，是氣機充滿，身體沒有任何阻塞而形成的。所以，佛身是放鬆圓滿的自然產物，也是悲心與智慧圓成的象徵。

提升人類的身心世界，並依此而不斷地改善外在的世界，使之趨於圓滿、至善，這才是人類進化的正常途徑。放鬆是轉化人類身心的關鍵，也是人類未來的新希望！

第三章

放鬆之前，掌握訣竅

放鬆是每一個正常人類都可學習的方法，也就是只要有健全的身心，就可學習放鬆，因為放鬆是人類的本能，只不過隨著我們成長的過程，逐漸被遺忘了。

這些放鬆方法，在一般的層面上，大都可得到相同的生理反應——血壓降低、心跳減慢、呼吸減緩、減少氧的消耗、減低肌肉的緊張程度等；但在深層的發展方面，則會因各種不同的理論與方法，而導致各自不一樣的價值取向。

在進入放鬆禪法的學習之前，首先我們要了解宇宙及自身五大元素的轉換。

放鬆禪法所根據的理論基礎，最主要是建立在兩個系統上面：一是物質的元素性，也就是從最粗重到最細微的物質轉變次序——地、水、火、風、空五大；二是從最裡層的心擴展到整個外境，也就是心、氣、脈、身、境。

放鬆方法透過這兩個系統的互相交織，使我們現實存在的身心，在有次第的放鬆之下，不但能使身體健康，心靈昇華，更能漸漸契入宇宙的實相，進而達到身心進化的目的。

■放鬆的原理

宇宙與自身五大元素的轉換

在佛教中，將構成宇宙及我們自身的元素，分成五種：

●地大：顯現堅固、不動特性的實體，如骨骼、肌肉等。

●水大：顯現清涼、流動的特性，如血液、內分泌。

●火大：顯現熾熱、昇騰特性的能量，如體溫。

●風大：顯現移動、轉移的動力，如呼吸。

●空大：顯現空虛、無限的含容力，如含容身體的空間及體內的空隙。

這五種元素構成了宇宙的物質現象及我們自身。這五大不是單獨的存在，而是交互的融入，所以水中有火、地中有水。如我們身體的地大（骨骼、肌肉）就含有水分（水）、火、風、空，而其他四大也是如此。

這五種元素雖然能夠交融，但還是要有一定的平衡與顯現的次第，否則身體會因五大失調而產生疾病。透過放鬆對五大的調練、控制，一方面可以讓我們身心產生自在轉換的強大能力，另一方面能夠讓我們身心保持康健。在需要時，放鬆也可以對治五大所產生的疾病。

而這五大的存在是來自意識的了別能力，所以五大加上意識的識大，就成為六大。而由意識中產生對宇宙、人生正確的知識與見地，形成正見，則稱為七大。由正見指導著意識，由意識指揮五大做正確的運作，則是使生命圓滿的正確道路。

其實五大是意識的幻影，只有相對性的實存幻影。我們了解五大如幻、意識也如幻，在放鬆時依據正見，則能夠自由轉換五大，使身體在如幻中，全然化成地大或是水、火、風、空等其他四大，達到進化身心的目的。

從內心到外境：心、氣、脈、身、境五大口訣

了解了這五大元素之後，我們再來觀察自己的身心。

心、氣、脈、身、境是我們統攝掌握自我身心與外在世間的完整次第。

什麼是心、氣、脈、身、境呢？

心是指我們的心意識，心意識相續執著的運作，產生運動的力量就是氣；氣不斷運動的軌跡則形成脈；脈氣的相續造作，產生支分，將之實體化，則形成了明點（如內分泌）、各種器官與身體。而心、氣、脈、身所投射於外界的時空情境，與其他生命的心意識交互映成，則形成外界相對性的客觀世界，這就是境。

我們把進化身心的基本心要，匯集成五大口訣，就是：心如，氣鬆，脈柔，身空，境幻（境圓）。這五者由心的細微到身、境的具相，可說是包含了放鬆所要成就的一切範疇。現在簡介如下：

◆心如

「如」就是實際，如其本相。也就是心意識在觀照萬事萬物時，都能覺察如其本然的實相，而不加以絲毫的扭曲，也不使心靈受到任何的制約，只是顯現萬事萬物的本相而已。

所以，心如就是心無所執著，不受制約，而能像《金剛經》所說的「應無所住」，這時照見萬物就不會扭曲變相，才能如其實相「而生其心」。人類生命的觀照功能，是「緣起」所聚合的，是如幻的，所以只要如其本然地了知「如幻」，就能使心力發揮到極致。

◆氣鬆

心意識的流動力量，形成氣機的流走；而我們的心如同國王，氣就如同國王所騎的馬，心、氣常相聚在一起。氣要轉動自如，必須要放鬆，才能產生最大的力量。而這個氣機，最可以直接觀察到的，就是我們的呼吸。

當我們的呼吸放鬆時，才能自由自在的支援身體每一個細胞的生命能量，並且使其充足圓滿，具足生命進化增上的能量。所以，如果能氣鬆，身心就無病，生命力也就旺盛，而且徹底的放鬆就沒有執著；一執著就會產生緊張對立，對身心只有百害而無一利。

◆脈柔

氣的通道就是脈，如果脈阻塞，氣就無法通行，則身體百病叢生；如果身上的脈僵硬的話，就容易脆裂，氣息不順暢，不能有力推動生命力量。

所以，脈要柔軟，這樣氣機才會通暢、充足、洪大，身體的任何一支分都能氣血圓潤，體康心健。要脈柔必須使脈不硬不脆，使脈充滿彈性韌性。

如果讓脈道不執著、不用力，那麼脈就不會緊張、僵硬，也就不容易脆裂。只有在脈自在沒有執著的狀況下，才能顯現廣大的柔軟。

◆身空

只有「空」能無有阻塞而且含容萬物。如果我們的生理器官僵塞緊張的話，則身體容易百病叢生。因此我們把身體放空，則四通八達；毛孔放空，則氣息通流；血脈通暢，則氣機旺盛。如果能空身，一切疾病就會止息，也容易達成身心的進化與成就。

◆境幻（境圓）

外在環境是我們每個人共同的意識行為所構成的，雖然較難改變，但其中自身所造作的「自業」部分，卻可以透過對「如幻」的認識，比較容易隨心所轉。所以，了知外境是虛幻不實的，就可做為以心轉換外界環境的準備。

心、氣、脈、身、境在根本上是一貫且同體一如的，都是心意識的影子，但心意識也受到外境的反射而轉換，彼此交互的投射。

我們如果能掌握到一切現象都是如幻的，身體必然能夠在適當的條件下轉換，也就是達到「境圓」的境界了。而心、氣、脈、身、境如何統一呢？我們在放鬆時，透過正見的智慧導引，必能影響氣、脈的運作，甚至改變我們外在的生理形象，成為有效的生命進化技術。

放鬆身心的五大口訣

1. 心如：心在觀察萬事萬物時，能如其本相，不加扭曲。
2. 氣鬆：呼吸、氣機完全放鬆。
3. 脈柔：脈柔軟則氣機通暢，氣血圓潤。
4. 身空：身放空則四通八達，氣息通流，百病不生。
5. 境幻：了解外境是如幻的，就比較容易改變外境。

■放鬆的要訣

放鬆的順序

放鬆法的順序，我們可以從三個方面來切入：由上往下、由粗而細、由心到境三個方向。

◆由上往下

在每個身體放鬆的階段中，都是由頭到腳放鬆開來。

由上往下的目的，最主要的是把身體內的濁氣下降排除，並且可使我們的注意力不會因集中在頭部而增加頭部壓力，火氣也不易上升。

◆由粗而細

如果以地、水、火、風、空五個元素來觀察，我們的身體最粗重的部分是屬於地大的元素。首先，我們從地大元素開始放鬆。我們的身體中，屬於地大者，又以骨頭最為粗重。

先想像將骨頭鬆開，再來讓它正確而放鬆的組合。再來是肌肉，從外層的肌肉到內層的肌肉、內部的五臟六腑、整個氣脈，最後到每一個細胞都放鬆開來。而我們的血管、氣脈、所有的器官，以及全身細胞，這都是屬於地大。

地大放鬆之後，再來是水大。我們觀想整個身體從頭到腳、每一個細胞，都逐漸化成清澈的水泡。然後，這些清澈的水泡，開始產生能量，而漸漸分解成水氣，火大與風大也就是代表著能量與水氣。

最後將整個身體放鬆變成空大，再放鬆我們的意識，就是從觀察過去心、現在心、未來心三心的不可得，使整個身心的糾纏完全脫落，達到生命自由的境界。

整個放鬆禪法是依據六大元素的組合原理，由粗而細的，從最粗重的地大到水大、到火大、到風大、到空大，最後到識大，經過這樣的身心轉變，以達到徹底放鬆的目的。

◆由心到境

本書的放鬆禪法，基本上是要教我們從心穿透到整個外境，使我們在身心與環境上，能夠迅速得到平衡與統一。基本上，在一般放鬆法中，都會包括身體、呼吸及心理三方面，但是一個徹底放鬆的人，本身應該更擴大到整個環境，所以行、住、坐、臥都在「鬆」的境界當中。

放鬆，不是一種觀念，也不是只是一種使我們的身心能夠調和的方法而已，而是能在身、心的統一裡面，讓我們的心力能穿透而影響外境，當影響外境時，又不會擾亂了我們放鬆的根本。

我們在現代世界裡，感覺到自己愈來愈渺小，尤其是個人的力量要面對整個大環境時，是愈來愈不可能了。所以說，沒有環境整體的改善，個人的身心將很難得到健全與平衡發展。

基於這樣的理念，我們可以在整個身心的穿透上，從心的最微細處開始放鬆，達到心如、氣鬆、脈柔、身空、境幻的放鬆境界。

體會放鬆的祕訣

有的人剛開始練習時，體會不到「鬆」，大致來說，可能有以下幾個原因：

1. 心思尚未安定，準備工作未做好，尤其是放鬆前其他事務太多，以致練習中有較多的雜念，影響放鬆的進行。

放鬆身心的口訣

1. 由上到下：從頭開始，次第放鬆到兩腳。
2. 由粗到細：從最粗重的骨骼開始放鬆，到肌膚、內臟、細胞，再化成水、空氣，最後化為光明。
3. 由心到境：從心的放鬆穿透到整個外境。

2. 追求某種片面「鬆」的感覺，以致反而緊張。

3. 原有局部病患，如有高血壓、神經衰弱的頭部，腸胃病的腹部，哮喘的胸部，關節炎的關節，青光眼的眼睛，肝病的肝區等，有疾病的部位，都比較不易放鬆。

4. 與採取的姿勢有一定關係。如仰臥時的後腦、背部、臀部，平坐時的下肢等部位，都不易體會到放鬆。

這時應該多觀察嬰兒、海綿，有助於對放鬆的體會。如果還是沒辦法體會，也無妨，把心放下來，不管能否體會，只要持續練習，必然日起有功。

◆觀察海綿

放鬆不是刻意的以另一種力量使身體的某一部分放鬆；刻意如此做，反而將產生拉扯的現象，甚至可能造成更緊張的現象。

放鬆的根本要訣，我們可以從觀察海綿得到啟發。有些人由於不能正確掌握到放鬆的要訣，甚至愈想放鬆愈緊張，這是不必要的。我們可以用海綿來幫助自己體會放鬆。

首先，手上抓著一塊海綿，手一用力抓緊，海綿就縮成一團；然後要讓海綿鬆開。不是一面用力擠壓，一面又要將海綿扯鬆，這樣是錯誤的，不只不能讓海綿鬆開，甚至將會使海綿局部更加緊縮。正確的方法是將海綿上的壓力放開，海綿就自然恢復原狀了。所以正確的方法應該是將手放開。

放鬆也是一樣，是把加諸於我們身心上的壓力放開，而不是與其相互拉扯。所以，當我們面對壓力時，放鬆的祕訣就是：直接讓我們的骨骼、肌肉放鬆，使其壓力解除時能像海綿一樣的鬆開。

有些放鬆方法建議大家先將肌肉緊張，然後慢慢放鬆，這雖然可以讓我們稍微體會放鬆的感覺，但並不徹底，而且無法導入更深的骨骼、內臟的放鬆。

再者，真正的放鬆，不是鬆垮垮的塌掉了。因為身體的每一個部分都放鬆時，會讓我們像海綿或氣球吹氣一般，內外充足。所以，真正的放鬆應該是身體看起來很平衡、輕鬆，而不會塌下去。

◆向嬰兒學習

幾乎每個人在健康的嬰兒時期，身體都是極柔順且氣通脈達的，全身每一部分都讓人感覺到柔軟、輕鬆、有彈性。嬰兒的皮膚由於血液流通順暢，看起來紅潤潤的，白裡透紅；也由於新陳代謝良好，使得皮膚飽滿，充滿彈性。

但是隨著年紀成長，心靈愈來愈複雜緊張，身體也逐漸僵化了，生命力也就逐漸萎縮。

我們再觀察嬰兒的呼吸。嬰兒是自然以丹田呼吸的，其呼吸較細長；但是逐漸長大成人之後，呼吸漸漸變淺，變成以肺呼吸。

年老之後，呼吸卻愈來愈淺，愈想多呼吸一些空氣，卻因為呼吸的短促，而無法吸收更多的氣息，到最後「英雄氣短」，呼吸只有停止了。我們想心安自在，生命圓滿，必須觀察兒童的狀況，其心清淨、其息細長、其脈通達、身體柔軟、骨骼充滿彈性。

有機會的話，我們可以做一個小小的實驗：輕輕的推動一、二歲小朋友的肩膀，只要不加猛力，他都會隨著你的推力，身體自然以脊骨為中心，柔軟而有彈性的轉動。

這種情形如果在大人身上就不同了，一般人站著，當我們推動他的肩膀時，由於其身體的僵化、馬上失去平衡，而無法彈回，如果再稍加用力，甚至失去重心而跌倒。

從這個實驗我們可以發現，「嬰兒放鬆的狀態」和「成人僵硬的身心」其中的差異，而放鬆就是將加諸於身心的壓力放掉，使身心恢復到原來最自然的狀況，也就是讓我們的身體恢復成嬰兒一般，充滿了柔軟、彈性與生機。

◆利用觀想幫助放鬆

除了觀察海綿與嬰兒之外，善用觀想也可以幫助我們放鬆。在學習觀想上，需要充分運用我們的想像力，初學者都要練習能確確實實的觀想出如實物之像，這就是想像力的發揮。想像力可以說是觀想的輔助與方便法門，是幫助我們放鬆的好方法。

但觀想功夫絕對不只是發揮想像力而已，如果只是任憑想像力自由馳騁，那麼就容易疑神見鬼，對放鬆時平常的生理現象變化，賦予太多聯想，甚至無法自拔而導致心神無主，就失去放鬆的意義了。想像力只是感性思維的發揮，而在觀想的方法中，對於感性與理性是絕不可偏廢的。我們一方面運用想像力，一方面就要用理性抉擇。

所謂理性的抉擇，就是要了知我們所觀想出來的現象是不可得的，一切如幻的，所以千萬不能執著。具足理性的抉擇，才能使我們觀想的方法運用自在、徹底，而達到放鬆禪法的神奇效用。

在放鬆的練習中，有自身的骨骼、肌肉、內臟等等不同階段的放鬆。或許有人會有疑問：骨骼、肌肉，尤其是內臟如何能放鬆呢？

這就是「觀想」的奧妙之處，當我們遵循放鬆的步驟練習時，只要心中跟著想像：骨骼放鬆開、變柔軟，壓力自然地消除了，此時骨骼所累積的壓力就已經隨著

如何訓練觀想能力？

以下是從二度空間、三度空間到四度空間的次第觀想法：

一、進行觀想之前，必須將緊張的身心放鬆開來，才能使我們的意識集中。意識的集中並不是造成身心的另一種緊張狀態，而是在身心完全放鬆之後，讓意識自然的集中。

二、眼睛微閉（或開三分），想像眼前浮出自己最熟悉的建築物（如自己的房子）。剛開始可能是一個平面圖，有模糊的輪廓；然後輪廓逐漸明顯，就如同鉛筆的素描圖一樣，每個線條都清晰可見。

三、觀想房子緩緩轉動了小角度，而呈現出立體的模型。此時深淺遠近都一清二楚，從窗口望進去時，可以看到裡面房間位置、家具擺設。

四、觀想房子外面有了顏色，而且可以感覺到光線的明暗，以及氣溫的冷暖。房子裡面的情景也是如此觀想。

五、加入時間因素，觀想房子周遭的人與物開始在眼前活動，好像觀看立體電影，置身其中一樣。

六、觀想自身開始走進房子，從本來看到的是整體的房子，而逐漸只看到局部的大門。接著打開門走進屋內，在客廳聽到電視節目的聲音，到廚房聞到飯菜的香味，看到桌上的蘋果於是拿起來咬了一口，嗯，真甜！看到家人走過來，拍著自己的肩膀打招呼，而我們便投以微笑。

要注意的是，這並非想像有一個「我」在這情境中，而是自身就在觀想的情境當中。而且，不可執著於境界上，或執著於觀想的功力上，否則，會很容易墮入奇幻的世界中，與生命的解脫、自在背道而馳了。

想像力釋放出來，肌肉、內臟等也是如此。

當我們將觀想的方法練習得熟練之後，在想像身體的骨骼放鬆、肌肉放鬆時，就能確實感受到其放鬆；而在想像身體化成水、化成空氣、化成光明時，也能得到更佳的效果。

◆放鬆導引

在即將進入正式的放鬆學習之前，我們可以用以下這首詩偈，來總攝放鬆導引的要訣：

在最自在的清淨心中放下一切
讓一切自然放下
當下，連能放下的也輕輕的全體放下
放下……放下到沒有一絲一毫的罣礙
於是寂靜的心讓光明自然的生起
光明成了自心唯一的光景
當下讓我們全身放鬆

就像柳絮一般的輕柔
像海綿一樣的溫柔
把所有的身心壓力全部放下

放下身體讓身體像流水般的明淨
放出呼吸讓呼吸如同清風般的自在
放開心意讓心靈如同妙蓮般開放
身、息與心淨裸裸的
像千百億日的光明
如水晶般的明透
宛轉如流虹般的明潤自在無有實質
心意自然的止息無念
身體與呼吸也安住在光明無念當中
當下，只有最是無念的清明

讓我們的骨骼完全放鬆開來！

如同海綿般的輕柔，海綿般的彈力
把壓力從身上全部移除
海綿般的骨骼自然溫柔的彈起
我們清楚的觀照著自身所有骨骼
從頭到腳，一節一節的放鬆
全身像彈簧般有力，像海綿般柔和
所有的壓力已悄然無蹤

再將皮膚與表皮肌肉全部放鬆
頭腦、內臟與肌肉也全部放鬆、放下了
從頭部到身體到雙足
所有的壓力遠離了
就像海綿一樣恢復了彈性
徹底的放鬆
像氣球一般充滿了柔和的空氣
讓全身的血管放鬆

所有的循環系統、內分泌也自然鬆開了

全身的筋絡、神經系統完全暢通無阻
柔和充滿了欣喜
呼吸徹底鬆開了，全身充滿了氣機
五臟六腑、所有細胞、毛孔
都自然的盡情呼吸
無比的喜悅，從心中生起

每一個細胞都充滿了微笑
化成了最輕柔的白色雪花
在無雲晴空的陽光下晶瑩的發亮
白色雪花慢慢地融成了清淨的水
從頭到腳都化成了清澈的淨水
當下成了由淨水所化現的人形

無雲晴空的陽光繼續普照著
全身的淨水吸入了無盡的能量
於是歡喜的化成空氣
成了由空氣所化現的人形

告別所有的壓力
空氣便昇華成了光明
這光明就像水晶一般的淨透
太陽般的明亮與彩虹般的無實
當下完全成就了光明的身體
而全部的宇宙也轉化成無盡的光明

完全的覺悟自然生起
一切的心念自然的消逝
連所有光明的心念也已逝去
於是過去的心、現在的心、未來的心

都已消失
自心只是絕對的無念清淨
絕對的覺悟寂靜
而宇宙與自身的光明自生自顯
圓滿具足了光明的大覺
從放鬆、光明的無念中覺起
所有的光明收入了心輪
只有無念、無依、沒有罣礙
身心一如健康自在
快樂的覺悟

以上的口訣和心要，都可以單獨熟誦、練習，即使只有極少的時間，或是只有讀誦，也能達到極佳的放鬆效果！

■放鬆的準備

自古以來，人類就懂得運用瑜伽、坐禪及按摩等方式來放鬆身心。

目前，源於東方的瑜伽和坐禪，已在西方蔚為風尚。此外，還有催眠、靜坐、自律訓練，以及各種呼吸訓練等方法，都大量被運用於消除壓力。

這些方法，通常都包含了四個步驟：

1. 需要一個安靜的環境。
2. 使用指定的姿勢。
3. 集中意識於一些念頭或物體上。
4. 練習有次第的方法。

這些放鬆方法，在一般的層面上，大都可得到相同的生理反應——血壓降低、心跳減慢、呼吸減緩、減少氧的消耗、減低肌肉的緊張程度等；但在深層的發展方面，則會因各種不同的理論與方法，而導致各自不一樣的價值取向。所以，選擇適當的放鬆方法是非常必要的。

以下三點是需要具備的認知：

◆對於放鬆要有基礎的認識

對放鬆有了基礎的認識之後，才能在許多的放鬆法中，抉擇出理念正確而且能真正解決我們身心困頓的方法。

◆對於放鬆的目的要有所了解

對於放鬆的目的要有所了解，才會使我們的學習動機純正，而選擇出可以達到我們所要求的放鬆法。

◆要了知自己的身心狀況

因為我們了知自己的身心狀況之後，才能針對自己受壓力最多的地方，找出特別對治的放鬆法。

接受過放鬆訓練的人，都能在短短的放鬆練習後，使自己整天身心放鬆愉快。因此，理想的放鬆訓練法，可以使我們學會基本的放鬆練習。

放鬆訓練可以使我們消除身心緊張，並享受放鬆後的輕安感覺。基本上，透過放鬆的練習，可以使我們掌握到放鬆的竅門，進而應用於日常生活中，使我們整天都可以隨時隨地放鬆身心。

學會了放鬆技巧，不管在何時何地，都可以減低身心的緊張，即使是在暫時避不開的壓力情境中，身心也可以維持在相當放鬆的狀態中。

接著我們要開始進入放鬆前的準備，讓放鬆的效果更加倍！

環境

放鬆練習是隨時隨地都可以做的，並不受限於時間、空間，但是在剛開始的時候，如果能有一個適宜的環境來專心做練習，那麼就能有事半功倍的奇效。

放鬆時要尋找什麼適宜的環境？其實只要在家中的一間靜室就可以了。現代人生活空間狹小，或許沒有個人單獨的空間，使用臥室也可以。但應注意下列事項：

◆空氣流通

練習放鬆最好不要在密閉或空氣不好的房間，以免影響放鬆的效果。如在冷氣房中，注意不要讓冷氣或強風直接吹到身上。由於我們在放鬆時，全身的毛孔張開，如果讓風寒侵入身體，容易感冒。

◆光線自然適中

練習放鬆時，如果燈光太亮，會刺激視覺神經，心也容易散亂；如果太昏暗，則容易昏沉，或引起幻象，這樣都不容易放鬆。要以自然光或柔和適中的燈光，得到的效果最佳。

◆避免他人干擾

練習放鬆時，最好不要有人打擾，因為在身心完全放鬆的時候，會進入非常寂靜的境界，如果有突如其來的大聲呼叫、碰觸或搖動我們的身體等這些干擾，反而會使我們驚嚇或緊張。所以，應該特別注意，告知同住的家人或室友，在練習放鬆時注意不要前來打擾。

時間

基本上，練習放鬆禪法的時間並沒有什麼限制，隨時都可以練習，但是在剛開始學習時，如果每天能有固定的時間練習，養成習慣，自然可以得到不可思議的效果。

◆什麼時間練習最好？

★早上起床漱洗後

早上是精神最好的時刻，而且空氣清新，最適宜於調整自己的身心，讓一天的生活有一個光明喜樂的開始。

年老體弱或是有心臟病、糖尿病等慢性病者，可以先吃一些流質或容易消化的食物，但不宜吃太飽，作用是使放鬆過程中不會因飢餓而感到心悸或太過虛弱。身體健康狀況良好的人，則可在放鬆之後吃早餐。放鬆完之後，對食物的營養與能量更能充分吸收。

★晚上休息前

晚上睡覺前，由於一天繁忙的工作已結束，可以完全放鬆身心，這個時候練習放鬆，效果會很好，也可以幫助睡眠。

◆練習放鬆一天幾次？每次多久？

一天練習幾次可視個人情況而定，但最好能在每天早晨及晚上睡覺前做放鬆練習，並持之以恆。當然，如果放鬆練習能深入每天二十四小時的行、住、坐、臥當中，效果會更驚人。

放鬆練習每次以三十分鐘為宜。但初期練習時，身體可能無法支撐那麼久，則不需勉強。只要身體狀況不錯又時間充足的話，就不妨多練習久些。

穿著

練習放鬆時，穿著的服裝應該注意以下的原則：

◆盡量寬鬆

過緊的衣物會造成身體的束縛，阻礙血液與氣脈通暢，降低身心放鬆的效果，所以放鬆時的穿著還是以寬鬆的衣物為佳。

◆除去身上的束縛物

練習放鬆時，最好將身上的眼鏡、手錶、襪子等束縛身體的東西盡量脫掉，如果在可能的範圍，則盡量鬆開腰帶、耳環，以及束縛胸、腹的衣物等。讓身體在完全沒有阻礙與束縛下，輕鬆自在，可增加放鬆的效果。

◆穿著以天然的質料為主

練習放鬆時，最好盡量穿著天然的衣物，如棉、麻、絲、毛等質料所製的衣物。而化學質料的布料，則盡可能避免。因為這些布料不容易與身體產生協調，而且不易通風、透氣與吸汗，甚至會干擾我們身心的磁場，影響放鬆效果。

◆盡量不配戴負面能量的配件

平時我們身上最好配載磁場良好的手珠、飾物，完全塑膠製的配飾，能不帶在身上盡量不帶，尤其如香菸等比較屬於負面磁場的物品，最好不要放在身上，會影響到身體的磁場能量。而天然的琥珀、玉石、水晶，硨磲等具有正面能量的物品，則可增強能量。

特別在練習放鬆禪法的時候，我們的身心由於放鬆、專注的緣故，身體會比較敏銳，並且容易與周遭的事物相應，這時，若能去除身邊負面能量的物品，而選擇自然、正面能量的天然物品在一旁，則更能增強我們的生命能量，使我們的身心更加愉悅。

負面能量的配件使身心力量減弱

有一次，筆者指導學員坐禪時，發現有人身上習慣帶一包香菸，於是筆者教大家做一個小實驗：

當學員身上沒有放香菸時，將手緊握，其他的學員去打開他緊握的拳時，要費一番力氣才能打開。第二次，當這個學員將香菸放在身上時，同時將手握緊，但這次他的拳頭卻很輕易就被打開了，他的力量明顯的變弱了。

由這個小實驗，我們可以知道，身上配載不良的配件，會使身心的力量減弱。

姿勢

在剛開始學習放鬆時，我們可以採用以下的姿勢來練習：

◆站著放鬆

首先將兩腳打開與肩同寬，重心置於腳掌，腳掌完全踏在實地上，感覺似乎可以踏入地中一樣。

注意兩膝不要用力，也不要打直，放鬆而自然微彎，上半身的腰與背自然與地垂直，使脊椎骨一節一節往上疊，尾閭骨與地面垂直。兩肩、兩手自然下垂，頸部、頭部與脊椎形成一直線。

這時我們的心情保持寧靜，眼睛可以微張，或是自然閉上也可以。

◆坐著放鬆

除了站姿之外，也可以坐著練習放鬆。我們坐在與膝同高的大張椅子上，上半身保持與立姿相同的狀況，兩腳平放於地，兩小腿自然與地垂直。

背部可以依靠椅背，臀部則盡量緊貼著椅背坐，這樣可以讓背自然直起來。大腿與小腿成一直角。

如果椅子太高，可在地上墊東西使兩腳墊高，如果椅子比較矮，那麼就可以在椅子上加坐墊，盡量使大、小腿形成直角。

注意，坐著時不要彎腰駝背，像坐在太軟的沙發椅或是俗稱的「懶骨頭」，就不適合。

全身攤在椅子上鬆垮垮的，看起來很放鬆，實際上卻只有表面放鬆而已，因為在這種不平衡的姿勢中，身體一定會有某些部分承受了特別多的壓力，反而無法放鬆。

剛開始練習放鬆時，以立姿為最佳，但如果放鬆時，站久了太累的話，就可改以坐姿或者停止練習，休息一會。

而坐姿的放鬆法，特別適合上班族和學生練習，因為這些人都是長時間坐著，可以善加利用坐姿放鬆，恢復體力。

心態

正確的心態，能使放鬆者心胸坦蕩，與放鬆之身相應。所以學習放鬆前，須調整自己的想法，建立起正確的心態。

放鬆是每一個正常人類都可學習的方法，也就是只要有健全的身心，就可學習放鬆，因為放鬆是人類的本能，只不過隨著我們成長的過程，逐漸被遺忘了。

曾經有一些身體殘障或有病痛的人，想要學習放鬆方法，這樣是不是可行呢？我認為只要沒有嚴重的機能障礙，配合比較特殊或局部的放鬆方法，這些都是可以克服的，也能使他們從放鬆中得到利益。

所以，學習放鬆並不需要許多特殊的條件，最重要的就是要有信心、有毅力，再加上正確的學習與指導，每一個人都能從中得到利益。因為放鬆是一種「實踐之學」，懂得多少理論與方法，並不能使你進入放鬆的天地；只有努力的學習與檢討，才能圓滿自己的願望。

在學習過程中，理論與實踐都是必須的。理論就像登山的地圖一般，指引你到達目的地，不致使你因為路徑不熟而迷途。但是，如果你不肯實踐，縱然了知一切放鬆的理論與方法，對你的生命並沒有實際的助益。而且放鬆的成果也不是一蹴可幾的，沒有人能保證你參加哪一種訓練、學習多久，一定會得到什麼樣的境界。

還有，學習放鬆，不單只有在每天特定的時間練習而已，更應該隨時隨地的注意自己的身心是否有在放鬆。也就是在每個當下，時時覺照身心狀況，將放鬆與生活打成一片，才能成為真正的高階壓力管理師。

所以請記住，放鬆方法要不間斷的去練習；每日、每月、每年，日積月累的練習功夫，才能使你不斷地進步。而且更進一步的是，要將放鬆恆常日久的化入生活之中，改善整個人生，這樣才能不斷昇華自己的身心性命，而達到究竟之地。

◆認清目的、建立信心

一般人的身、心是不能自主的，因為被外境的壓力來源以及內心的各種潛意識所控制了。「學習放鬆」正是使我們能處理及運用一切的壓力，讓自己的身心有完全的自主與自由。所以，壓力管理與生命自由，就是我們放鬆的目的。

為了達此目的，我們應該要建立信心，告訴自己，身心的主權是屬於自己的，我們必將不斷地將自己的身心創造得更完美；許多人已達到了放鬆的最高境界，我也同樣可以達到。

◆不要希求、計較得失

學習放鬆有目的也有過程，放鬆的進境會使我們的身心產生變化，會有種種境界。但是如果將放鬆過程所產生的現象當成最後的目標，那就本末倒置了。境界的現前，本身是十分中性的，那是在放鬆的過程中，身心的轉換所造成的。有境界是表示修學放鬆有了成效，但如果在此時計較得失或希求其他境界，這反而會造成障礙，成為另一種壓力的來源了。

另外，放鬆的效果是要看身心條件的，條件足夠就進步快；反之進步就比較慢，這是很正常的，所以沒有人能以時間來判定你學習的進度。但是，有一點是可以確定的：每一個人只要有正確的目的、方法與指導，便一定能有長足的進步。

放鬆是很個人性的，每一個人適宜與自己比較，不需與他人比較。檢討自己：今日的身體有否比昔日更健康？心理有沒有比以前更愉快？今天有沒有比昨天更慈悲、更有智慧或更有力量……如此，就可以知道我們有沒有從放鬆中得到利益，或是否有走入歧途。

◆不要執著，眩奇惑異

學習放鬆，會由於意識的寧靜與集中，而使身心產生很大的威力，這些本是放鬆的副產品，是很自然的現象。但如果我們耽溺於其中的境界，便很容易進入險惡的陷阱中，因此學習放鬆愈徹底的人，愈要戒慎小心。總之，在面對一切境界的時候，假使能夠清楚地觀照，就如同《金剛經》所云：「一切有為法，如夢幻泡影，如露亦如電，應作如是觀。」如此才能保持心按住不動，不會受到影響。因為一切皆無所得，便不會落入任何境界中，而自然地繼續向前，達到最徹底的放鬆境界。反之，若為境界所惑，一味執著，那就與道日遠、迷途難返了。

至於沒有放鬆經驗的人，對於放鬆的副產品，不免感覺驚奇。但千萬不可由於身心的變化，而去眩奇惑異，藉以博取他人的尊敬；如果這樣的話，也是不能達到學習放鬆所要的目標。

調身

要開始練習放鬆禪法時，我們可以利用以下的小體操調整身體，使自己很快地達到完全放鬆的境界。

一、將頭部、兩肩、兩手、胸腹、背、腰、臀部、兩腿、兩腳的所有關節活動一下，使之放鬆。

二、深呼吸：一般呼吸法都是先深深吸一口氣，但是這個方法則是強調先把身體裡的濁氣全部吐掉，然後再深深吸進新鮮空氣，並配合以下的動作：

(1)輕鬆站著，讓自己全身骨頭都放鬆開。（圖1）

(2)讓自己的軀幹骨節，從頭部開始，沿著脊椎骨一節一節的放鬆，向前往下掉。（圖2）

(3)骨節放鬆往下掉時，身體也漸漸向前彎下。此時，將濁氣以鼻子或嘴巴吐出，盡可能想像把全身的濁氣吐出，特別是沿著一節一節的脊椎骨，將脊骨的濁氣完全吐出。（圖3）

(4)身體彎到不能彎時，稍停一下；然後從脊椎的尾端開始，一節一節向上拉直。（圖4）

(5)一面拉直時，一面以鼻吸氣，吸入全身每一個細胞。尤其是脊椎骨更要盡量

放鬆小體操

圖 1

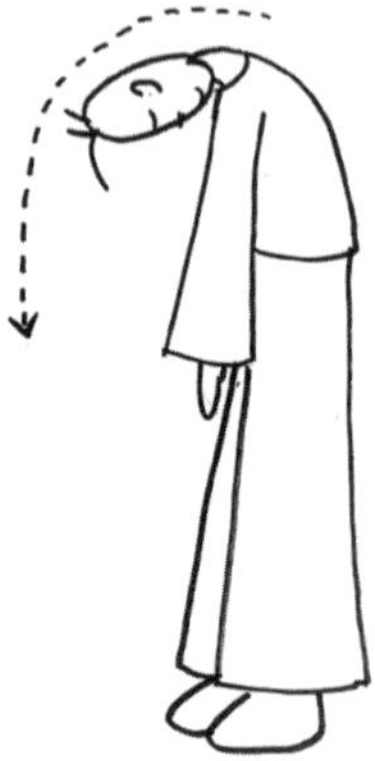

圖 2

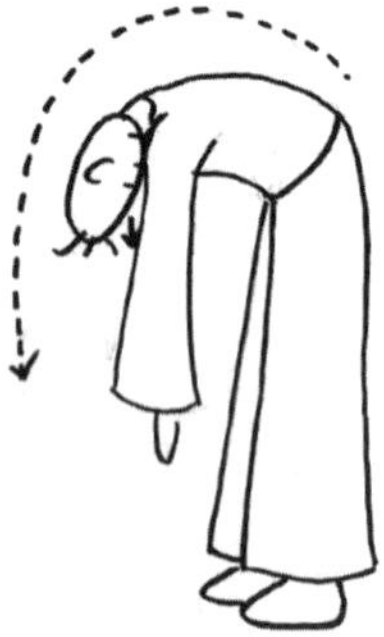

圖 3

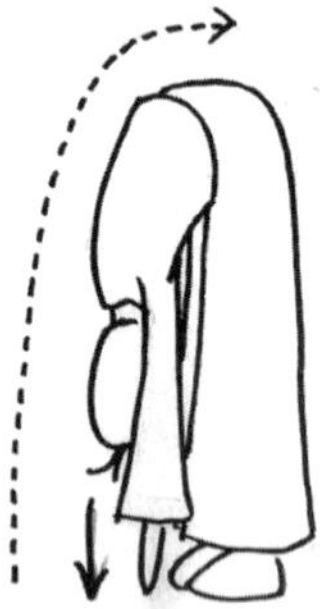

圖 4

圖 5

吸氣，以氣拉直背脊。（圖5）

三、將上面深呼吸的動作（1～5），重複做三次。

除了這種運動之外，靜坐前的四種柔軟運動：「大鵬展翅」、「楊柳飄風」、「身如遊龍」、「舉身攀月」，也是很好的放鬆運動。（參見本書第一六八至一七五頁）

接著，我們要開始正式進入放鬆的學習；只要完全遵照以下的方法確實地練習，將很快地使我們的身心有不可思議的轉變與發展，產生前所未有的體驗與改變！

放鬆禪法（Relaxation Zen）

導引：洪啟嵩老師 Mr. Chi-Sung Hung

1~3 中文導引（Chinese）

①

放鬆禪法①

https://www.youtube.com/watch?v=OJlZ5eiCNi4

②

放鬆禪法②

https://www.youtube.com/watch?v=HAiKaaF9xkc

③

放鬆禪法③

https://www.youtube.com/watch?v=5OQ638r7vaQ

4~6 英文導引（English）

④

放鬆禪法④

https://www.youtube.com/watch?v=J3w2qvslx2M

⑤

放鬆禪法⑤

https://www.youtube.com/watch?v=_axsdQ5kLsl

⑥

放鬆禪法⑥

https://www.youtube.com/watch?v=JWPUSkQa3C8

注意：本放鬆音樂解壓效果迅速，放鬆睡著為自然現象，請勿於開車時聆聽。

第四章

放鬆禪法，階段練習

放鬆禪法以「鬆」為要領，除了一般身、心的放鬆之外，還可以更深入觀察：生命深層源於自我保護的緊張，如果我們能夠放鬆自我執著，消除一切自己與他人對立的生命慣性，生命徹底放鬆，這時我們的身心已經完全均衡，所以身體、外在事相必然會發生革命性的改變。身體的脈結才易開通，氣血之運行也較能順暢，達到健康的目的。

在放鬆的順序上，這套放鬆禪法是依據地、水、火、風、空等總攝身心構成的五大元素原理，從最粗重的「地大」物質開始放鬆到最微細的物質「空大」。所以，我們現在先從骨骼開始放鬆。

1 全身骨骼的放鬆

骨骼對於人體，猶如建築物的樑柱，支撐著我們的身體，也保護著我們的內臟。

人體有兩百零六塊骨骼，構成整個身體的支架，如果沒有骨骼，則人體將癱成一團。骨骼和建築物的樑柱一樣，必須保持彈性，否則地震來臨時，反而易受摧折。所以我們的骨骼也要有彈性，才能使身體處在最佳狀況，不易受損。

在放鬆骨骼之前，可以準備相關的書籍、圖片或掛圖，了解骨骼的構造，使我們放鬆時，能夠達到更好的效果。

◆步驟

1.兩腳張開與肩同寬：全身放鬆後，開始想像全身骨骼全部鬆開，將骨骼上的緊張壓力釋放掉，而骨節也鬆開了，骨頭就像棉花、海綿、氣球一樣，充滿彈性。

2.放鬆頭部的骨骼：頭部的骨骼有八片，由不動關節結合而成。首先，我們感覺頭部骨骼的壓力消失了，頭骨的關節部分像海綿一樣鬆開，頭骨會有柔軟的感覺。

頭骨放鬆，可以幫助腦部開發。

3.放鬆臉部的骨骼：現在，我們讓整天緊張的臉部骨頭的壓力解除，放鬆，讓臉部的骨骼之間，非常有彈性的接合著。

接著我們把下顎放鬆，慢慢地，我們臉部的微笑會自然現起。練習臉部放鬆，骨骼能慢慢地隨心調整，長久練習下來，甚至可以改變我們的臉型。

4.放鬆頸骨：再來，我們將頸椎一節一節的放鬆下來，沒有壓力的鬆開，此時我們的頭骨會有一節一節鬆開向下掉的感覺。

5.放鬆兩肩骨骼：頸骨放鬆之後，再來我們要放鬆肩部鎖骨的壓力，放鬆肩膀，讓兩肩自然平衡的下垂，這時會感覺兩肩的骨頭往下鬆落。

6.放鬆兩肩、兩臂、兩手、手掌、十指及關節：使兩隻手從手臂到手指的壓力全部放掉，關節及指節部分也完全鬆開，這時兩手會有向下沉的感覺。

7.放鬆胸骨及肋骨：胸骨與肋骨放鬆，像彈簧一樣地自然彈開。這個步驟可使胸腔擴大，讓內臟得到更好的運作空間。

8.放鬆肩胛骨：肩胛骨是壓力集中之處，平時我們常會感到腰痠背痛，這和背部無法放鬆有很大的關係，因為我們習慣將大部分的壓力往背後擠壓，造成了背部過分負擔。因此，肩胛骨的壓力解除，也變得極為重要。肩胛骨鬆開時，會有充滿彈性並有下落的感覺。

9.放鬆脊椎骨：我們現在將脊柱的壓力解除之後，讓脊柱一節一節的鬆開，自然掉落。

脊柱是身體的支柱，也是生命能量的通路，無論是佛教、道教、瑜伽等各種修行系統，都十分重視脊椎骨。

10.放鬆胯骨：把上身骨骼鬆落，脊椎骨會有下拉的感覺。放鬆胯骨時，包含了骨盆與坐骨等等，讓承接上身與下肢的骨頭放鬆。

11.放鬆大腿骨、腳關節、小腿骨、腳掌、腳趾：經過前面的十式放鬆，鬆落的力量會開始沉到兩腿。現在將兩腿的壓力放掉，繼續向下放鬆。

兩腳關節部分在放鬆後，自然會有微彎，此時特別要讓兩腳掌與腳趾保持充分的放鬆與彈性，讓全身的重量與壓力傳導到地面。

◆檢測

練習骨骼的放鬆之後，你是否有以下的現象呢？

□1.放鬆之後感到很累，很想睡覺。
□2.放鬆之後感到全身痠痛。
□3.放鬆之後兩腳痠得發抖。
□4.放鬆之後感覺到，骨骼與骨骼之間有放鬆、飽滿的感覺。
□5.以前曾經有扭傷、挫傷的地方，有放鬆、跳動的現象，甚至有「劈啪」骨節跳開的聲音，感覺十分舒暢。

如果有以上這些現象，表示放鬆已經有了明顯的成效。

◆效益

當放鬆骨骼之後，我們可以感覺到，骨骼與骨骼之間有放鬆、飽滿的現象，而且骨節間會有痠、麻、軟的感覺。如頭骨之間、臉骨之間等，這是代表骨骼有放鬆的情形。

骨骼有飽滿、柔順的感覺，並感覺全身的骨頭皆很順暢地串聯在一起。這是因為骨骼放鬆後，氣機流暢、充滿的象徵。

這時我們會感覺骨骼柔軟卻強勁有力，雙手活動較靈活，力量也較大，這是放鬆後氣機飽滿的緣故。

以前曾有關節扭傷、挫傷，或是較僵化、不靈活的地方，會有放鬆、跳動的現象，甚至有霹啪跳開的之聲，感覺十分舒暢、柔軟，這是放鬆後骨骼活化的現象。

很多人做完放鬆練習後，都會感覺十分疲累，骨節痠痛，此時需要較多的水分，應多喝水。另外，練習初期會睡眠增加，而且能迅速入睡，並睡得很沉，在隔天醒來，身體可能感到前所未有的疲累、痠痛，這是好現象，不必擔心。

等到身體將能量回補得差不多時，這種情形會減少。因為此時身體已將積存體內的各種廢物（如尿酸等），排除出來。

如果沒有明顯的反應也不必心急，只要方法正確，持之以恆的練習，必然能日起有功。

2 皮膚、肌肉的放鬆

皮膚是體內最活躍的器官之一，它有排泄、調節體溫的作用。皮膚覆蓋著肌肉，能保護深層組織免於受損與受到病菌侵擾。此外，皮膚也有幫助調節血壓的功能，保持水分在體內，一旦皮膚的工作失調，人體很快就會因為失水過多而死亡。身體的健康情況，也會反應在皮膚上。皮膚的放鬆可以幫助其保持彈性，免於緊張僵硬或鬆弛無力，而是如同嬰兒的肌膚般自然紅潤，充滿彈性。

◆步驟

基本姿勢如第一階段。

1.重複第一階段的放鬆法：含調身練習，以及使全身骨骼全部放鬆。

2.頭部的皮膚、肌肉放鬆：感覺頭部所有的內外力量全部放掉，使頭部像海綿一樣的鬆開。

3.臉部的皮膚、肌肉放鬆：讓臉部肌肉像海綿一樣鬆開。當壓力解除、放鬆臉部時，臉部皮膚會充滿彈性且紅潤，同時也會自然放鬆的微笑，而使我們的人際關係更好。

4.頸部的皮膚、肌肉放鬆：頸部的表皮和肌肉的放鬆，會感覺到呼吸更通暢。

5.肩膀的皮膚、肌肉放鬆：讓兩肩的壓力解除，放鬆之後兩肩會自然下垂，肩膀有充氣的感覺。

6.兩臂、兩手、手掌、十指皮膚、肌肉放鬆：兩手自然的順次向下解除壓力，放鬆開，則兩手會感覺脹滿、熱、麻等現象。

7.胸部的皮膚、肌肉放鬆。

8.腹部的皮膚、肌肉放鬆。

9.脅下的皮膚、肌肉放鬆。

10.背部的皮膚、肌肉放鬆。

11.腰部的皮膚、肌肉放鬆。

12.臀部的皮膚、肌肉放鬆。

13.大腿、膝蓋、小腿、腳趾的皮膚、肌肉放鬆。

◆檢測

練習完本階段的放鬆之後，你是否有下列的現象產生呢？

□1.感覺全身皮膚與肌肉非常放鬆、飽滿、柔軟，就如同嬰兒的皮膚一般。

□2.手掌的顏色變得比較紅潤、溫暖。

□3.手指有脹滿、充實的感覺，且有彈性。

□4.心裡感覺如釋重負，壓力、重擔完全放下了。

□5.雖然只有靜靜站著練習，卻感到全身痠痛。

◆效益

做完皮膚、肌肉的放鬆之後，皮膚、肌肉會感覺到放鬆、飽滿、柔軟，宛如嬰兒的皮膚一樣充滿了彈性，而且放鬆後皮膚的色澤較紅潤。尤其可以檢查手掌，放鬆之後會感覺顏色比先前紅潤，這是由於氣機通暢的緣故。

手指特別有脹滿、充實的感覺。用力按指頭，感覺不只充實，而且比平常更有彈性，可以彈回得更快。

雙手握拳，感覺十分充實，比平常力量大些。一手握拳輕擊另一手手掌時，發覺沉勁有力，力透掌內，這是因為內氣充足所形成的現象。

除了生理現象的改變之外，心靈也會有所改變，心情會感覺如釋重負，心理的壓力感覺減輕很多，這時就能真正充分休息，自在地生活。

做完放鬆之後，會覺得更加疲累，骨骼、肌肉都痠痛，這是身心內在壓力釋放出來的緣故。

接著，我們進入內臟與內部肌肉的放鬆練習。

3 內臟與內部肌肉的放鬆

現在我們延續前二階段的放鬆成果，進入第三階段屬於體內肌肉與內部臟器的放鬆。這個階段如果能練習得徹底，則自然可使腦與內臟完全放鬆，呼吸達到修道者所謂「三華（精、氣、神）聚頂」、「五氣（心、肝、脾、肺、腎）朝元」的高深境界。

雖然要達到這個境界，並非一蹴可及，但是依照這個方法，至少能使我們的五臟六腑等內部器官、肌肉解除壓力，完全放鬆，使之生生不息，能自然呼吸，達到前所未有的生命境界。

◆步驟

1. 將腦部完全放鬆：從腦髓的中心點開始向外放鬆，達到全部的腦部，使腦中的壓力全部解除，腦髓從內至外完全放鬆。

2. 眼球放鬆：眼球從內向外鬆開。

3. 耳朵放鬆：從內耳、中耳至外耳，由內向外放鬆。

4. 鼻腔放鬆：由鼻腔內部的呼吸道到鼻腔外部，由內向外放鬆。

5. 口腔放鬆：由舌頭、牙齒到整個口腔完全放鬆。

6. 頸部、喉嚨放鬆：由喉嚨到整個頸部放鬆。

7. 肩膀放鬆：從肩膀內部的肌肉向外放鬆。

8. 兩臂、關節、兩手、手掌、手指內部肌肉放鬆。

9. 胸腔內部肌肉放鬆。

10. 心、肝、脾、肺等內臟從內到外放鬆。

11. 腹部的內部肌肉與胃、腸放鬆。

12. 背部的內部肌肉放鬆。

13. 腰部的內部肌肉及腎臟，由內到外放鬆。

14. 臀部的內部肌肉放鬆。

15.大腿、膝蓋、小腿、腳蓋、腳趾內部肌肉放鬆。

◆檢測

做完這個階段的練習後，你是否有以下的現象產生？

□1.有時容易感受到亮光，或聽到美妙的樂音。

□2.感覺眼睛變比較亮。

□3.耳朵的聽覺變敏銳。

□4.吃東西時，同樣的東西感覺卻比以前好吃。

□5.對二手煙的味道比以往更加無法忍受，有時一聞到就會自然有痰生起，將其排出體外。

◆效益

這個階段的放鬆已進入人體極深層的內部，因此除了前二階段的現象可能延續之外，在這個階段會有一些更深入的現象：

在腦部放鬆時，特別容易感受到光亮，像是雨過天晴的天空，或是透過水晶看世界，世界好像比較光亮。有時甚至聽到優美的音樂、聲音等，這是因為腦部放鬆，而使腦部的能量飽滿與神經線路通暢，結果腦部的各種功能就會自動運作起來。

如果這時是視覺神經區受到刺激，就有可能見到光亮。而聽覺神經區及其他各種神經區，如果受到刺激也都是如此。

這是腦部的氣機飽足，功能開發的現象，就如同以極微量的電流，刺激聽覺神經區，我們就會聽到自己音樂的聲音。「孔子聞韶樂，而餘音繞樑三日不絕」不就是如此嗎？所以，這只是刺激腦部功能而已，是自然的心理與生理現象，不必產生神祕的聯想。

經過本階段的練習，六根（眼、耳、鼻、舌、身、意）會變得更加敏銳，眼睛放鬆會變亮；耳朵放鬆，耳根會變敏銳；鼻腔放鬆，嗅覺會變靈敏；皮膚放鬆，觸覺會更細緻；舌頭放鬆，味覺會更敏銳；意念放鬆，頭腦會更加敏銳清楚。這是因為我們將眼、耳、鼻、舌、身放鬆之後，使其壓力解除，並同時清除其內在的陳積廢物，而神經的傳導也更加的靈活。

這時我們除了更容易感受對身心有益的東西之外，對有害的物質也會排斥得更厲害，就像聞到二手煙就有痰生起，自動將其身體的自動防衛系統增強了。

4 全身各大系統與細胞的放鬆

從體內的骨骼、肌肉、腦髓、五臟六腑放鬆之後，我們進一步做更徹底、更深層的放鬆。此時，必須配合專注的觀想。這不僅讓我們的骨骼、肌肉、內臟得到前所未有的紓解，更能深入一層使我們體內細緻的組織系統、經絡以及細胞，得到完全放鬆。

經由此一階段的訓練，可以讓存積於體內的各種毒素、雜質以及長期累積下來的緊張、壓力全部解放出來，恢復身心原來的清淨與彈性。

一般的放鬆方法，無法做到如此內層的放鬆，因此成效並不顯著。如果讀者能循序依次地按照本書的指導練習，從第一階段做到第四階段時，將會發現：生命的潛能原來如此寬廣！

第四階段的放鬆動作如果做得確實，長久練習下來，可以將我們人類的潛能完全喚醒，不僅可以達到毛孔呼吸，更能使細胞全面活化。

◆步驟

本階段練習，是延續前面的基礎而更精細化、更內層化。所以，首先我們必須要將骨骼、肌肉及腦髓、內臟、體內各部器官肌肉完全放鬆，然後再繼續本階段的放鬆。

1.放鬆所有的呼吸系統：讓自己全身呼吸系統的壓力解除，從內放鬆，使呼吸變得更深，更宏大，更順暢，連全身毛孔都張開呼吸，感覺到呼吸甚至可以進入腦髓、內臟各器官，甚至到手指尖，腳趾尖。

2.放鬆全身所有神經系統：讓所有觸覺的壓力消失，從體內到體外，所有的神經系統放鬆、清晰、穩定而敏銳，就如同明鏡一樣。

3.放鬆所有血管：讓自己血管的壓力解除，使血管柔軟、放鬆、富彈性而宏大，血液流動通暢而清淨。

4.放鬆所有循環系統、內分泌、經絡：使全身所有循環系統的壓力解除，恢復自然功能，完全放鬆而且有勁的運作，使全身的生命能量自然傳導，使每一個細胞再生與活化。但千萬要讓身心自然運作，不要刻意導引，以免產生壓力，使其力能減弱。由於身心太過細密，是無法精確處理意識層的，所以信任自己的生命本能，其自然運作比意識導引強過千萬倍。

5.放鬆頭部至兩腳的細胞：我們將從腦髓的細胞開始到骨骼、骨髓、肌肉、皮膚等等的細胞之壓力解除。因為心理意識壓力對細胞與內部系統影響極大，此時將細胞的控制與壓力解除，意識只剩下完全的覺醒力量，宛如明鏡一般，不要有任何的意識壓力加諸細胞之上。

◆檢測

此時，每一個細胞完全覺醒、活化，感覺可以自由自在地放鬆呼吸，具有無比的生命力，除了相互之間的分工更加協調，增進整體的運作之外，每個細胞似乎都是獨立自主，擁有完全的自由意識，現在我們已經讓全身的細胞完全覺醒了！

◆效益

全身細胞的放鬆，練習熟練、確實達到之後，會產生不可思議的效果。例如：意念觀想可讓腦髓細胞呼吸，吸氣時會有脹滿的現象，而呼氣時，細胞會有收縮的感覺；手指也一樣，達到這個境界，身心將可慢慢脫胎換骨。

此時腦部可以達到功能區分，而將區部功能開啟或關閉，如：可讓前腦額葉休息，其他部分繼續運作。

有時毛孔甚至會有風動的感覺，這是毛孔開始慢慢有氣聚現象。

當腦部與雙手放鬆後，右手以意念握拳，左腦會有熱、麻等感覺，或輕微的隆隆聲。左手也一樣，代表手與腦神經系統及氣脈結合。所以手的運動，不只是手的肌肉、骨骼得到活動，也影響腦部，幫助腦部運動。

當我們全身上下的細胞完全放鬆之後，再接著進行下一階段的放鬆。

5 全身細胞化成水

對於一般人而言，將全身化成為水，是不可思議的事。

事實上，將全身細胞的根本構造，透過完全的放鬆與解構，可以化成液態的水。這種觀想練習法，不只對身心健康與創造能力有極大的幫助，並將使我們的身心有革命性的超越！

而在佛教的禪觀當中，就有所謂「水三昧」的修持法，在《楞嚴經》中記載：月光童子修成了水三昧，全身化成了水。而西藏的大修行人密勒日巴也有水三昧的成就。

◆步驟

1.全身放鬆：首先延續前述的放鬆方法，徹底的將骨骼、表皮肌肉、內臟、細胞放鬆。

2.全身化作雪花：想像全身的細胞逐漸化作白色的雪花，整個器官、內臟也整個變成一團白色的雪花。

3.想像陽光照耀：想像天上無雲的晴空，陽光不斷的照耀。

4.想像雪花在陽光下融化：在陽光不斷的照耀下，由白色雪花的細胞所構成的我們人身，開始變得晶瑩，即將逐漸融化。

5.想像頭髮融化成水：漸漸地，我們的頭髮融化成透明清澈的水。當觀想身體各部分融化成水的時候，還是保持著身體的形狀，就像透明的人形水球一樣。因為身體有保持形體的凝聚力，而使已融化的清水具有人形。

6.想像頭皮、腦殼、腦髓完全融化開，變成清水：腦髓的融化，是從腦的中心點，像水泡一樣向外融化，一個細胞就像一個小水泡一樣化開，然後全部融化。

7.想像眼睛融化成水：從眼珠內部向外逐漸融化成清水。

8.想像耳朵融化成水：從內耳、中耳再到外耳融化成水。

9.想像鼻腔融化成水：鼻腔、鼻樑到整個鼻子都融化成水。

10.想像口腔融化成水：從舌頭、牙齒到整個嘴腔融化成水。

11.想像整個頭部化成清澈的水。

12.想像頸部融化成水：從喉嚨到頸部融化成水。

13.想像兩肩融化成水：從骨髓、骨頭、肌肉到表皮都化成水。

14.想像兩臂、關節、兩手、手掌、十指都融化成清水：從內到外由骨髓、骨頭、肌肉到表皮都化成水。

15.想像胸部的骨骼、肌肉都化成水。

16.想像內臟、心、肝、脾、肺全部化成水。

17.想像背部化成水。

18.想像腹部化成水。

19.想像胃、腸化成水。

20.想像腎臟化成水。

21.想像腰部化成水。

22.想像臀部化成水。

23.想像大腿、膝蓋、小腿、腳掌、腳趾都化成水。

現在全身化成人形的清水，宛如水泡一樣透明、清澈。

◆檢測

身體化成水是一種很有創意的放鬆方法，這又可分為兩種方式：一種是自己感受到整個世界化成為水；一種是別人真實看到你的身體化為水。

前者在佛教中稱為「水遍一切處三昧」，後者稱為「水三昧」。這並不是那麼容易達成的，但是透過這種練習，可以逐漸達成目標。

◆效益

經常練習全身化成水的放鬆方法，會產生下列現象：

1.充滿創造力：可以隨時有新的理念、點子和創意的產生，思緒靈活、源源不斷。自己的心宛如明鏡或螢幕一樣，可隨時投射或創造各種心象。

2.能夠局部改變自己身體的溫度，如果感覺很熱，可以馬上以「水觀」降低身體溫度。

3.可以局部控制或調整自己的心跳、血壓。

6 全身化成空氣

在佛教禪定中，又有所謂「風三昧」的修持法，就是使自身化為風的自性，與風合而為一。如同仙道的修行最高境界為「氣化身」，即所謂「散而為風，聚而成形，日照無影」。

而在印度瑜伽的最高修行境界，是與至高無上的意識（梵）結合，完全與大我合一，脫去色身的束縛，進入無色界（超越物質的世界，與欲界、色界合稱為「三界」），也可以達到這個境界。

◆步驟

1. 重複一至六階段的放鬆：首先重複前述六階段的放鬆方法，將頭部與雙手骨骼、皮膚肌肉、細胞等徹底放鬆，然後再將細胞化成水。

2. 想像陽光下不斷照耀：此時，在無雲的晴空下，陽光持續的照耀，使化成水的細胞不斷的接收能量。

3. 想像水的身體化成空氣：這個水形身不斷的接受能量，而直接蒸發化成氣體。在氣化的過程中，細胞不斷地收集能量。但不必在溫度太過升高時，才化成水氣，而是能量積聚在水身的每一個細胞，能讓水直接蒸發成氣體。

4.頭髮化成空氣：感覺頭髮化氣之後，跟周遭的空氣可以完全流通。

5.頭皮、腦殼、腦髓完全化成空氣：從腦的中心點開始化成空氣，然後像氣泡一樣，一個一個細胞向外氣化，然後全部變成空氣。

◆效益

將全身觀想成氣體，對身心有不可思議的效果，不只能徹底讓身心完全放鬆，解除所有壓力，也可以延年益壽、返老還童，對情緒、智慧、創造和決斷能力有絕佳的增進力量。

7 全身化成光明

想像全身化成空氣之後，現在更進一步，使身體充滿了宇宙的能量，氣化成光明，使身體成為光明身，就宛如無色透明的水晶一般，很亮而沒有顏色。

◆步驟

1.重複一至六階段的放鬆：將前述從骨骼的放鬆到全身化成空氣，確實地練習一次。

2.想像宇宙的光明注入氣化的身體：化成空氣之後，感覺從十方的宇宙中，有無限的光明不斷的注入，照耀在氣化的身體；由於全身已氣化成完全透明，所以光明能夠沒有障礙的傾注與照耀。

3.想像每個細胞放出無限光明：由外光引發自身的光明，全身的每個細胞放出無限的光明。

4.頭髮也化成光明。

5.頭腦的腦髓、骨骼、表皮都化成光明。

6.眼睛從內到外化成光明。

7.耳朵從內耳、中耳到外耳化成光明。

8.鼻腔化成光明，從鼻腔、鼻樑到整個鼻子化成光明。

9.從舌頭、牙齒到整個嘴腔化成光明。

10.頭部全部化成光明，像太陽或月亮一般。

11.從喉嚨到頸部化成光明。

12. 兩肩化成光明，從骨髓、骨頭、肌肉到表皮都化成光明。
13. 兩臂、關節、兩手、手掌、十指都化成光明。
14. 全身都化成無量無邊的光明，讓光明安住。

◆檢測

這個階段如果練習的成效良好，會產生不可思議的效果，例如可以引外光進入體內，大自然的日光、月光、星光，乃至燈光，都可以透過心意識或雙眼引入體內。

而自己的腦部可以像電燈一樣。在頭腦昏沉、蒙昧時，用意識將腦細胞點亮，就像開燈一樣，此時會有清晰的光明感覺，使頭腦功能勝於從前。

◆效益

如果頭、手感覺有障礙或疾病時，可以用內在光明的照耀，讓障礙或患部的細胞顯現光明，來去除障礙或減輕疾病。也可引用外在光明導入身體中，增強能量。

身心放鬆時，只要一念憶起，則能隨時讓宇宙的能量引入，補充自身，完全自主；但是我們要能了知，這是純粹由心念所引生的，不要執著而生起幻境。

8 迴歸光明，自生自顯

從第七階段的全身化光之後，將進入放鬆禪法的最後階段。在前面的階段，是以自己的心意識來觀想，將頭手化成水、風、光明，而現在要讓光明的意識消失，讓光明宛如天上的太陽、月亮的光明一樣自生自顯。

◆步驟

1. 重複一至七階段的放鬆：首先我們將前面第一至第七階段的課程確實修習。

2. 讓光明的念頭消失：現在，光明的念頭完全消失，讓放出光明的念頭自然消失，所有光明只是自生自顯。

3. 讓過去的念頭自然消失：腦中的意識（念頭）是比光明更細微的一種存在。所以，我們不僅要讓光明的念頭消失，同時，也要讓念頭本身消失掉。現在，過去的念頭已過去了，不必再憶念，就如同《金剛經》所說的：「過去心不可得。」不憶念過去，讓過去的念頭消失。

4. 讓未來的念頭不生起：未來的念頭還沒有到，不必去設想臆測。正如《金剛經》所說的：「未來心不可得。」不臆想未來，讓未來的念頭自然不生。

5.讓現在的念頭自然消失：現在的念頭，在剎那、剎那間消失生起，現在不要去刻意的打破或想像，讓念頭像從水中生起的水泡，一個個破滅，念頭自然消失。

6.讓光明自生自顯：身心在完全覺醒而沒有意識運作的狀態，不再有光明的意念，但是光明能自生自顯，宛如月輪一般。

至此，我們已完成了所有進階課程，達到最高的境界。在這個境界當中，任由身心完全的放鬆安住，直到想要回復平常狀況為止。

◆效益

這是本放鬆禪法的最高境界，達到心的完全自由，並且光明意識也不再生起來控制我們的心。

上述所有階段完成之後，心中沒有任何障礙，十分廣大且自然專注放鬆，任運自在。

自然感覺光明，就像眼睛戴著水晶的罩子一樣；沒有任何導引意識，但是光明卻像客觀的日、月一樣，自生自顯。

身體輕柔無比，若有若無，沒有負擔。創造力源源不絕，對人生積極而不執著。生命能力大幅增加，宛若成為全新的一個人！

9 結束練習

到達第八階段的放鬆之後，我們已經學習到放鬆禪法的最高境界。我們的身心安住在自生自顯的光明中，當我們要回復到平常狀況時，不要猝然結束，要依照以下的步驟回復到平常的身心狀況。

◆步驟

1. 讓意識回復到平常運作情況。
2. 想像宇宙與自身的所有光明，回收到心輪。
3. 眼睛睜開。
4. 身體先輕微的搖動，再慢慢的加大搖動。
5. 接著按摩頭部、頸部、雙手及全身。

10 總複習

放鬆禪法以「鬆」為要領，心境完全放鬆，身體完全放鬆，身體的脈結才易開通，氣血之運行也較能順暢，達到健康的目的。

經過以上八個階段認真的練習，之後每天就可以從第一階直接放鬆到第八階。以下是八個階段的總複習。

◆步驟

1. 全身骨骼放鬆：兩腳略曲膝與肩同寬，全身放鬆，頭骨放鬆↓頸骨一節一節的放鬆↓肩膀↓兩臂↓兩手↓手掌↓十個指頭↓胸骨↓肋骨↓肩胛骨↓脊椎骨一節節地放鬆掉下來↓胯骨↓大腿骨↓小腿骨↓腳掌↓十趾完全鬆開。

2. 皮膚與表面肌肉放鬆：頭部肌肉放鬆像海綿一樣↓臉部肌肉↓頸部肌肉↓兩手臂、兩手肌肉鬆開↓手掌↓十指↓胸肌↓腹肌↓兩腳、背部肌腰部肌↓臀部↓大腿↓小腿↓腳掌↓十趾肌肉完全放鬆，身心極為喜悅、輕鬆。

3. 腦髓、內臟與內部肌肉放鬆：腦內腦髓全部鬆開↓眼睛、眼球↓內耳、中耳↓鼻腔內部↓嘴巴、舌頭、牙齒↓頸部內部、喉嚨↓肩膀內部肌肉↓兩臂兩手↓手掌↓十指內部肌肉↓胸腔內部、肺、心、肝、脾、胃部的內部器官↓臀部↓大腿↓小腿↓腳掌↓十趾。

4.全身各大系統與全身細胞放鬆：全身肌肉、毛孔↓全身經絡↓神經系統↓呼吸系統放鬆，呼吸變得十分細膩，氣機充滿全身分泌系統↓循環系統放鬆。在極端放鬆時有無比之喜悅，感覺每一個細胞都放鬆開來。

5.細胞化成水：細胞化成白色雪花開始溶化成水↓全身變成透明水泡。

6.全身化成空氣：水泡蒸發成氣↓毛孔鬆開↓空氣自由地進入，跟整個大氣結合在一起↓整個身體變成空氣。

7.全身化成光明：宇宙的光明，不斷地照耀著化成氣的人身↓身體自然化成光明↓每個細胞變成像水晶般晶瑩透明，放出無量光明。

8.迴歸光明，自生自顯：心中無過去、現在、未來的念頭，念頭自然地消滅↓光明自生自顯、沒有任何執著↓光明遍滿整個宇宙、心身不斷地放出光明，宇宙無窮光明迴射到心身，交互映攝↓整個身體、宇宙變成無窮光明↓我們的心智變得極為敏銳，宛若大圓鏡一樣安然不動。

◆效益

以上八個階段的放鬆方法，如果能持之以恆的練習，可以達到以下的效果：

1.肌肉與骨骼的放鬆：這是指身體外部的肌肉部分及支撐身體部分的放鬆。一個訓練有素的運動家應可輕鬆達到此境界，因為只有肌肉骨骼的完全放鬆，才能在瞬間爆發出最大能量。而且由於放鬆，得以完全新陳代謝，能量將可均布於全身，身體必然可以健康，不容易生病，這也是為什麼放鬆可以養生的道理。

2.內臟的放鬆：內臟一般都稱之為不隨意肌，它是自動運轉不受意志控制的部分，但如果我們隨時觀想放鬆，久而久之，內臟將會更自在安然的運作，而且我們的情緒也會更安穩平靜。如果內臟得以隨時放鬆，那麼四大調和，我們的身體幾乎可以百病不侵。

3.循環系統與內分泌的放鬆：這一層比較難達到。內分泌與血管等是古稱「氣脈」的一部分，氣脈尚包括人體內的穴道，甚至是細胞間如電之傳導般的「氣之交換」皆是，如果可以完全放鬆，就可以控制血壓、心跳。遇事不緊張，隨遇而安，在一般事務上就可達到「心安」的境界。

4.腦髓的放鬆：腦細胞的運作如意識傳達、分析與指令，應屬於唯識學六識中的「意」識（其他五識為眼、耳、鼻、舌、身）。人類亙古以來，皆以意識運作來表現出「生存」，這也是一種生命長久以來的慣性力，很不容易放鬆。

如果能完全將腦細胞放鬆，那麼我們在夢境的修練上將有不可思議的突破，可以達到「夢中作主」、「夢幻光明」的境界，隨時隨地皆得自在。

5.全身細胞的放鬆：「生存」的執著來自腦部，而「生命」流轉這種全體性的執著，卻來自全身上下每一個細胞，這是因為細胞保管我們遺傳與進化的密碼。此時的放鬆不但是將細胞之間的連結與運作關係（形成各種器官）解開束縛，而且還會讓細胞本身的核糖、核酸與細胞質完全放鬆，這種放鬆的微細程度難以言喻。

由於細胞是生命體的基本單位，如果能將細胞緊張束縛的力量放鬆得自在，正是打破生命慣性最徹底而根本的方法。

6.五大的放鬆自在：地、水、火、風、空是物

放不鬆時，該怎麼辦？

其實，放鬆的學習要有鍛鍊的積累過程，通過一段時間的堅持，自然能夠逐漸有所體會。因此，最好順其自然，不必執著硬要在一次中，就求得全部的放鬆效果。

此外，由於每個人的身心狀況不一樣，局部的部位放不鬆，往往是病灶的反映，要以整體體會為主，依靠整體放鬆的力量，去推動、解除局部的緊張。

除此之外，可採取下列方法來幫助放鬆：

1. 對某些不容易放鬆的部位，在放鬆前的準備工作中，多做些自我按摩、放鬆拍擊等方法。
2. 在練習中，可採取在呼氣時默想該部位「鬆」，也可用手輕輕按在放不鬆的部位進行放鬆。

質世界的五大特性，這五種特性是從最微細的粒子到全宇宙皆存在，它所貫通的「心、氣、脈、身、境」，也都各有其慣性力。這種張力如果能獲得解縛放鬆，那麼對我們而言，世界不再如慣常一樣存在，它可能完全崩潰，也可以重整為不同的型態，甚至世界會變成他想顯現的某一種單一特質。以佛教禪觀中的水遍一切處、青遍一切處等「十種遍一切處」禪法為例，就是依此原理而成。

本書的放鬆禪法，都是以「鬆」為口訣，除了一般身、心的放鬆之外，我們還可以更深入觀察到「生命深層源於自我保護的緊張」。如果我們能夠放鬆自我執著，消除一切自己與他人對立的生命慣性，生命徹底放鬆，這時我們的身心已經完全均衡，所以身體、外在事相必然會發生革命性的改變。

均衡才健康

一般人身體四肢常常是不平衡的，例如右手和左手、左腳和右腳，可能在長度上有些微的差異，在力氣上也有所差別。這種結果，和我們的基本儀態、整個世界環境，乃至於我們的習慣，都有深刻的關係。

在過去，一般人對常用左手都有些忌諱，所以小孩子常用左手的話，是會挨罵的。這個世界大部分物品，是爲常用右手的人所設計的。

我們仔細觀察，一般人大部分是右手比較強，也使得左腦相對發達。在現代社會裡面，左腦所提供的邏輯、數值、文字這些功能，是比右腦所提供的冥想、感性、直觀，更加受到客觀環境的承認。但是或許物極必反，當陽剛的力量達到極點的時候，整個溫柔的力量，也開始在浮現它的價值。

觀察一個人走路，聽其足聲，可以對一個人的身心狀況有較深刻的理解。

大部分的人在走路的時候，經常是兩肩聳起，足跟沒有放下，整個人急急忙忙的往前衝出去，所以鞋底碰觸地面的聲音就充滿著鏗鏘的聲音。下顎牙齒緊咬，似乎是訴說著它的堅強意志，但是也似乎顯示著他們的易脆。

急急的走路、趕路，事實上是很不符合自然的運動原則。當遭受到突如其來的壓力時，這種身體狀態是很容易受傷的，一旦碰到突發狀況，全身僵硬，根本無法反應，碰到意外而受傷的程度，比身體柔軟的兒童所受到的傷害大得多。

多年前我有一位學生，當時他的左腳摔傷了，使得他左腳愈來愈不敢用力，身體重心就放在右腳，於是身體會向右傾；右肩會聳起，右手不知不覺的會用力。這樣子經過了一段時間之後，他的兩隻手兩隻腳，原來微細的長度差距更加明顯，這時候他明顯感覺到受傷的腳萎縮了。

他發現這個現象時，求助於我。我先導引他將全身放鬆下來，同時鼓勵他將受傷的部位盡快治好，使他心理沒有負擔。因爲，心理的壓力自然而然會在身體裡面產生慣性，使身體使用不平衡，造成兩者的差距更加的大。

從整個身體來看，首先將受傷的部位放鬆。而當受傷的部位治癒之後，再配合全身的放鬆，使整個身心協調增加。慢慢地，他身體的傾斜度就會恢復正常，而不會造成他未來身心的傷害。

這位學生是十分好強的人，在希望達到學習成績進步的壓力下，胸腔因充滿壓力而有點突出；而且許多的不如意與挫敗，卻又使他的背脊有一點變形，顯得十分的僵硬。大量運用身體右側的結果，使他習慣使用右側的手，而右肩膀也不斷地被沉重的書包壓迫著，造成右臂有力，但是卻肩膀傾斜，整個身體可以說是有點扭曲，這個扭曲其實是跟他的心理狀況相結合在一起的。

因此，我教他正確的身體姿勢：整個肩胛骨放鬆，脊椎骨一節一節的放鬆下來，讓肺活量增加，整個五臟六腑自然放鬆，再配合全身放鬆法的練習，也鼓勵他有空多去戶外接近大自然。經過一段時間的練習，他的兩肩呈現柔和平直的線條，身體傾斜的程度也明顯改善，左右兩邊協調多了。身心放鬆，心情也愉快起來，臉上自然帶著笑容，周遭的人都感受到他明顯的變化。

第五章

現代人身心解壓密碼

無論我們對壓力認識與否，或者對自己身心掌握與否，在生活上，我們是難以避免壓力產生的。所以，學習一些處理壓力的方法，是必須的。

當煩悶來時，不必跟它打招呼，請它吃東西，或招待它看電影。因為它可不大識相，它會認為我們很歡迎它，於是就常常來找你玩了。看開一點，不用理它，直接跳過它，去做更重要的事吧！

■處理壓力心法——鬆字訣

無論我們對壓力認識與否，或者對自己身心掌握與否，在生活上，我們是難以避免壓力產生的。所以，學習一些處理壓力的方法，是必須的。

一般處理壓力的方法有很多種，有效程度因人而異。不過其中大致可分為兩大類，就是破壞性與建設性的處理法。

有些人受到壓力時，會不停地抽菸，或是出去飽餐一頓，或是哭泣，甚至踢家具、摔門、與他人吵架等，這是屬於破壞性的處理壓力法。另外一些人遇到壓力時，則是聽音樂，或是出外休閒、運動，或是泡一個小時的熱水澡，或是打太極拳、練習放鬆法、坐禪、冥想等等，這些都是屬於建設性的處理壓力法。破壞性的處理法不但會傷害自己的身心，有時還會影響他人，是非常不好的方法。而建設性的處理法能夠幫助身心的健全發展，是值得我們學習與培養的。

我們要知道，不管何種壓力的處理方法，都要讓壓力在處理中獲得「解放」，而不只是壓力的「紓解」而已。所以在處理壓力時，要掌握一個要訣，就是「鬆」。為什麼呢？首先讓我們來看看壓力的公式：

$$S = F/A$$

其中S表示壓力，F表示壓力來源，A表示身心狀況的強弱。當我們受到相同的壓力來源時（也就是F為定值），身心狀況良好、強健的人（即A值很大），則不會感受到壓力的存在（因S值會變小）；但一個身心薄弱、不良的人（即A值很小），則感受到的壓力就非常的大（因S值會變大）。而身心狀況的良好與否，全在一個「鬆」字上。因此當我們處理壓力時，不管是休閒、運動或是聽音樂，只要能夠掌握「鬆」的要領，就能迅速管理身心的強度與韌性，將潛藏在身心底層的壓力一掃而空。

另外，有幾個處理壓力的特別方法，提供出來讓大家學習參考：

❶ 壓力丟棄法

處理壓力的方法有很多種，但我認為，能夠直接且迅速解除壓力的方法，首推「壓力丟棄法」。

首先，我們可以把壓力形象化，至於如何形象化呢？比如說，可以從顏色、形體與重量等方法來把壓力形象化。例如在選舉的時候，遇到有人給你暴力的脅迫，使你心理很緊張，就可以想像用紅色、三角形的箭頭形狀來表示。另外，假如一般人壓力的忍耐限度是一百公斤，那就假設這壓力的重量為三十公斤。如此將感覺的壓力變成具體的東西，有助於我們對壓力的處理。接著我們可以用觀想的方法把壓力這「東西」丟掉，則可以減輕我們對壓力的負擔。如果重複使用這方法，就可以有效處理我們的壓力。

以上除了心理感受的壓力之外，生理上的壓力或疾病，也可以使用這方法予以處理。下表即是「壓力丟棄法使用表」，例舉了三個例子，供大家參考。

	壓力的來源	壓力的形象或想成的事物	壓力的顏色	壓力的重量（設人體受壓力的限度為100公斤）	壓力處理後之情形
1	感受到精神暴力脅逼	朝著自己的三角形箭頭 	紅色	30公斤	將箭頭拿掉後，身心感覺到不太緊張了。
2	兩腿痠痛	一顆檸檬 	青色	20公斤	丟掉後覺得痠痛減輕不少。
3	頭痛，頭感覺很緊	圓形灼熱的鉛塊 	黑色	50公斤	頭部感到輕鬆，以及清涼許多。

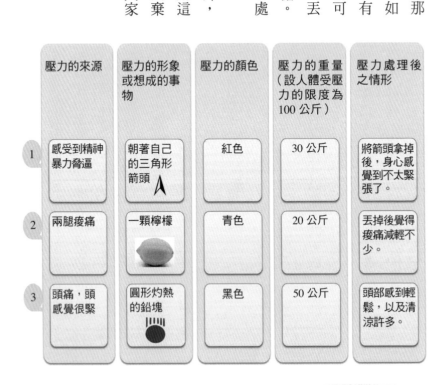

❷ 虛空身想像法

任何壓力在我們身上絕對能夠找到痕跡，其實當一個人被罵的時候，他的身體已開始僵硬了，但如果他的覺察與觀照能力迅速的話，這時就能夠把壓力解除掉。

「虛空身想像法」就是將自己的身心觀想成虛空，讓壓力或壓力來源無法在我們的身心上找到落腳的地方，只好在虛空中飛逝而去，消失得無影無蹤。例如當我們遭人責罵時，則觀想這個壓力來源從我們的「虛空身」飛透過去，打到牆壁上。這是屬於高階的壓力處理法，讓我們的身心永遠不受壓力的迫害。

❸ 太極推手法

當我們受到壓力的刺激時，也可利用壓力來迫使我們達到某些工作的目標，也就是將壓力轉化成生命的動力，就如同把車子加滿了油一樣，使我們能順利的達到許多目的。

但若個人有強烈的自我期許，且有不容許自己失敗的想法，在適應周遭環境上，則會造成個人很大的壓力。所以，我們必須先要有放鬆的身心，才有辦法付出自己最大的努力而達成目標。這時，壓力不再構成我們身心的障礙，甚至可以被我們所運用，如太極拳推手一般，將壓力導到我們想要去的地方，完成我們的人生目標。

◆壓力處理評量表

每次處理壓力的方法與結果，應該要記錄與評量（見下頁），如此才能將我們的經驗累積在處理壓力的能力上，增加我們處理壓力的成效。

首先，利用此表來記錄壓力的來源，自我檢討並說明這壓力產生的原因，然後記下處理壓力的方法是什麼？而壓力處理之後的情形又如何？最後將得到的經驗與感想寫下來，做為我們下次遇到同樣壓力時，處理的參考。

例如我們感受到頭痛這壓力來源時，就探討原因是：長時間坐在書桌前讀書。處理的方法、選擇為：去看一場電影。看完電影後，回來讀書時感覺更有效率。因此得到的經驗與感想就是：適當的休閒，能夠解決頭痛的壓力，更能提高讀書的效率。

面對壓力的三種類型

一般人面對壓力時，大致上可以分為以下三種類型：

1. 石頭型：採取硬碰硬的態度，當壓力超過負荷時，就崩潰了。
2. 泥巴型：看起來很柔順，卻缺乏個性、缺乏主見，遇到壓力時多採取逆來順受的態度，壓力過了之後也無法恢復原狀。
3. 海綿型：充滿柔軟與彈性，只有在壓力來時隨順壓力的因緣，壓力過後立刻恢復原狀，一點都不殘留壓力。

放鬆，讓你成為既柔軟又有彈性的海綿，在壓力中任運自在，遇到壓力時能隨順環境又保有個性。

壓力處理評量表

日期	月　日	月　日	月　日	月　日
壓力的來源				
說明這壓力為何會產生的原因				
壓力處理的方法				
壓力處理後之情形				
得到的經驗與感想				

■療癒煩悶的方法——通明禪

很煩、很悶，就是很煩、很悶，心沒有辦法定下來，甚至走來走去的，天地如此遼闊，但似乎就是沒有出路。

生命的困頓，讓我們憂煩。煩惱就像千頭的怪獸一樣，根本無從整治起。每當我們斬斷它的一顆頭顱時，另外的怪頭就倏然忽至，而原來的斷頭又再重生了，不知道要如何來加以降伏？

當我們坐在那裡，等待煩惱攻擊自己時，事實上已注定我們的失敗。煩惱是殺不死的怪獸，因為它根本是虛妄的幻影，對於不真實的東西，我們有什麼能力消滅它呢？

如果我們在煩惱還沒開始的時候，就直接制止它的生起，或許是一個比較好的方法。但另一方面，當煩惱已生起的時候，從根本上直斥它的虛妄，自己去做當做的事，不必隨它共舞，也是一個很棒的方案。

其實，煩悶來時，不必跟它打招呼，也不必拿東西讓它吃、陪它買東西，或招待它看電影。因為，它可不大識相，它會認為我們很歡迎它，於是就常常來找你玩了，弄得人一個頭兩個大。

看開一點，不用理它，直接跳過它，去做更重要的事吧！

如果想要根治這種煩悶的心病，「通明禪觀」應該是一種絕佳的選擇。修好通明禪觀，不只能療癒心病，而且能使身心更加健康，更有心力開創幸福的人生，是十分值得修學的禪觀。

通明禪是一種十分高明有效的禪法，是以觀照呼吸為主，使我們的身心明快俐落，迅速達到六種神通、三種智明，所以稱做通明禪。

❶吐盡煩悶心緒：身心完全放鬆

首先，讓自己以最舒服的姿勢坐著，呼吸綿綿密密的通暢，而心則寬坦的調和著。身心完全放鬆下來，心也逐漸澄靜下來。接著把滿心的憂慮鬱悶，想像它們隨著呼吸全部吐了出來；可以用嘴巴，也可以用鼻子，自自然然地像氣球洩掉了鬱積的氣息一般，把所有焦慮傾洩而出，不必再受制於煩悶的心情了。

記得，全身要放鬆，身體不要緊張，想像將鬱悶的氣息從口中、從鼻孔、從毛孔，從每一個細胞、每一條血管、每一根骨頭、每一個器官、每一寸肌肉，徹徹底底的吐盡。讓焦慮不安逐一地從我們緊繃的身心中釋放而出，讓自己的心完完全全在澄靜平和之中。

當我們的心安住之後，就變得清朗明照，原先焦慮的心，就如同寒冰被春風的氣息化開，沒有了焦慮的情緒，只剩下清明的智慧覺照。

❷ 觀察身、心、息：澄明地觀察我們的身體、呼吸和心靈

我們的身體、呼吸、心靈現在完全調和了，接著開始從事細密的通明禪觀。

在通明禪中，要以智慧觀照為根本來觀察。首先要觀察自己的身體；再來是觀察我們的呼吸；接著是觀察心靈。身體、呼吸、心靈三者，組成我們的生命體，現在要觀照這三者，是完全統一、始終如一的實相。

在我們的身體裡面有種種的感受，這些感受與心靈、呼吸三者息息相關，我們現在要現觀（即進入實際的狀況中親自體驗觀察）這三者的實相。在這樣的現觀裡，我們體悟到這一切都是空而如幻的，並沒有永恆不變的本質。因此，我們如果掌握了改變的契機，自然能創造光明的人生。以禪觀智慧為中心來修習這個方法，能使我們的生命境界更加細密，產生的療心與開展智慧的功能更加不可思議。

❸觀察呼吸的虛幻性：觀察呼吸來去無所積聚的虛幻性

現在收攝心念，調和氣息，仔細觀察我們的呼吸，觀想著呼吸遍身，並出入我們的身體。

我們察覺到，這些氣息進入身體時，並沒有積聚在身體中；而離開身體時，也不是分散的。在來去的過程當中，都是無常而變動不拘的。我們可以觀察到，氣息雖然遍身的出入，但宛如空中的風一樣，並沒有任何不變的自性（self），我們的呼吸氣息其實正如我們的內心波動一般。

接著觀察自己的身體，我們的呼吸是依止於身體而有的，離開了身體就沒有氣息。

我們仔細觀察就可知道，身體的所有器官、五臟六腑、毛髮、肌肉、骨骼、細胞、血液，都是意識與受精卵的結合，進而演化成這個身體，是因緣和合而成，所以說身體本來就是空的。甚至連原始的受精卵，也是因緣和合而生。

不管是原有的細胞，或現在的身體組織，同樣全部是沒有真實不變的自性，都是空的，所以根本不用執著；身體也是與呼吸、心靈一樣，都是空如的。

再來觀照我們的心念。我們知道，由於有了心的意識，才使身體產生了作用。如果沒有心意識，誰能分別身相（身體形象），而身相又因誰而生呢？我們仔細如實觀照自己的心念，發覺這心念乃是因緣所顯現出來的，並沒有固定不變的心意，所以，心念也是空的。這時，我們可以體悟，連心念都是空的，所有的煩悶、妄念哪裡會是真實的呢？

所有的煩悶，現在我們可以將之付予東流的逝水，不必再臆想了。

❹ 了知身、心、息的虛幻性：了知身體、呼吸、心靈三者的虛幻性，不必執著

我們再重新觀察呼吸，察覺呼吸來去變化無常，並沒有不變的自性。這時我們了達了身體、呼吸、心靈三者都是空寂的，這三者本來就是一如、合一而不相離，而且沒有不變的相貌可得。

但是透過身體、呼吸、心靈三者的和合運作，我們卻能產生各種感官及身心作用，而產生各種煩悶、煩惱，行使各種善行、惡行。我們現在體悟了身體、呼吸、心靈三者本來就是空寂的，就根本不必執著。沒有了執著，也就沒有煩惱，一切都能夠自在、自由、喜悅。

❺ 觀照煩悶：明晰觀照自己煩悶的生起，以及評估它存在的意義

這時，由於身體、呼吸、心靈的觀照，使三者完全統一，心靈完全自由了。任

何的煩悶，我們都可以觀照明晰，並徹底遠離之。

現在我們在心靈澄靜中仔細思惟：煩悶心到底能為人生做什麼？會帶給自己的人生什麼樣的利益或傷害？會帶給我們的親友什麼樣的後果？我們要對自己的生命完全負責，所以現在要能正確的運用思惟觀照，並使心靈保持在通明禪的澄靜中。

細想我們煩悶的理由或事項，仔細的思惟：自己是在什麼樣的情形下，開始生起了煩悶的心情？

讓自己的心靈通明，檢驗自己心中的煩悶，是不是合理的？我們現在的心靈清明，可以對煩悶的人、時、地、物、原因，盡量的觀想清晰，幫助自己超越煩悶的心境。

❻觀察煩悶的虛幻性：觀察煩悶的心念，倏起倏滅，沒有實在性

觀照自己心靈中煩悶的本質，看看這些煩悶在我們心中的地位，與被植入心靈的原由。保持澄靜心靈不斷相續的觀照，我們終會發覺，所有的煩惱心念，正如同晨起的朝露一般，倏起倏滅，一切都成空了。現在我們的心就像光明的日月一樣，綻放著歡喜清涼的光明，我們將很快地剝離煩惱的纏繞，回復到快樂光明的心靈。

❼以智慧驅離煩悶：以智慧心靈的威光，驅離煩悶

請勇敢的告訴煩悶，要它離開我們的心中，就像驅離惡劣的客人一樣。大多數的煩惱心念，都會因為這樣的驅離，而羞慚的離開了。

但是，如果有些頑強的煩惱不願意離開，這時你應當用自己智慧心靈的威力，大放光明來驅離它們。觀照自己的智慧心是永恆的光明，體悟自己的心能夠完全的自在，相信自己的心將擁有無盡光明的威力。讓自己的心靈發光，就像陽光普照大地一樣，讓一切的黑暗自然消失。

❽以行動助人遠離煩悶：從通明禪中覺起，以行動幫助他人遠離煩悶

最後，我們要善用自身所具有的光明心念，來創造人生的幸福。現在，我們的心已擁有智慧、創造、自信的特質。我們自覺的自信，將擁有創造幸福的能力，煩悶已經遠離，化成了智慧、慈悲的心靈。

我們現在從通明禪中開始有所覺悟，加上擁有強大的行動能力，將可幫助每一個人有與我們同樣的自信、慈悲、智慧，讓所有的黑暗遠離人間，共創未來莊嚴和樂的世界。

◆心境不再煩亂（導引）

身體、呼吸、心靈，都在覺照中現空
當現空成了沒有障礙的鬆柔
於是精采的通明禪觀從澄靜中開始
智慧的觀照，使生命沒有了煩亂、負擔
一心的觀察呼吸，遍身而出、遍身而入
如此的無常不居，正宛如空中的風
沒有不變的自性……
我乃了悟呼吸本是如空
一心觀察著身體，呼吸依著身體而有
離開了身體也就沒有氣息
地、水、火、風，圍著虛空，於是演化成了身體
一切都是因緣條件的和合現前
也沒有不變的自性……
我乃了悟身體本是如空
一心觀照著心念，心念無常的變化萬千

沒有固定不變的心意，是眞實的心意
所有的心念和合而起
沒有不變的自性
我乃了悟心念本是如空
諦觀全體如空的心靈、呼吸、身體
三如成了一如，三者本不相離
一相成了眾相，原來不離如相
在通明的禪觀中，決定心、息及身是統一
於是心也完全自由
觀自在者的人生，讓所有的煩亂匿跡
煩悶已不再來，在清明的覺照中遠離
智慧的威光，是千百億個太陽
我心光明、自信、自覺的智慧
自然無畏的開創人生的福祉
自在的從通明禪中起定
智慧、慈悲成了心的標幟

讓所有的煩悶、黑暗遠離人間
有趣的未來世界
正等著我們降臨

第六章

從生活中，體會放鬆

在一天的開始，讓身體完全放輕鬆，呼吸也放鬆了；洗去昏沉的睡意，除去塵垢之後，身心自然就清淨了，一切染穢轉成清淨光明的明空境界。我們的身清淨之後，呼吸也柔暢了，心、息、身三者都融合在一起，如同大明鏡一般，映照出人生成功的願景。

經過之前的放鬆學習，我們對放鬆已經有了更深的體會。在本章，我們要更進一步討論在生活中如何隨時隨地放鬆，逐漸達到完全放鬆的生活。

在一天的開始，我們早晨起身後，就開始要洗臉、刷牙，清淨身體。這時候不要緊張，也不要草草了事，讓身體完全放輕鬆，呼吸也放鬆了，動作一點都不草率，讓身、心、息融合在一起。洗臉時，把眼垢洗乾淨，把昏沈的睡意洗去，將身心一切染穢轉成清淨光明的明空境界。於是我們的心就如同廣大明淨的圓鏡，除去塵垢之後，自然就清淨了。

■晨起放鬆法

經過了一個晚上的美夢，帶著微笑醒來，開始美好的一天。如果能夠善加利用清晨醒來到起床這個短暫時刻，不僅能夠擁有元氣的一天，更能讓身心充滿氣機，增進生命的能量。

當我們醒來、眼睛睜開時，先不要急著起床，先給自己五分鐘，練習後續調和身心的順氣法。先讓自己體內的氣平順下來，調和柔順身體內的氣。梳洗完畢後，再以「甘露飲」的喝水方法，幫助清淨身體內部，將體內污濁的部分，藉由喝水將之沖洗乾淨。若時間充裕，還可以做些讓身體氣機活絡的柔身運動，讓身心更有活力地迎接新的一天。

養成良好的起床習慣，將為一天帶來美好的開始。

調和身心的順氣法

當我們醒來時，常常會口乾舌燥，這是體內火氣上升的緣故。紓解調和體內之氣的好方法，就是利用眼睛睜開、尚未下床的時間，以順氣法來調和身心。

(1)仰臥在床上，想像右手握著太陽，左手握著月亮，右手在上，左手在下，雙手手掌交疊於胸前，從上胸輕撫順氣至腹部丹田的位置，順氣三遍（圖1）。此動作能調和順氣，降火氣，而且唾液會增加，口中不會乾澀。

(2)手臂如鳥翼狀，置於腋窩下，張開大拇指朝前，餘四指在後，以虎口由腋下輕撫至腰部，順氣三遍（圖2）。

(3)雙手放鬆搓熱，同樣左手月右手日，以二手揉搓臉部，右手揉搓右面，左手揉搓左面，各以鼻樑為中心，順向向臉的外側做圓形按摩，揉搓三遍（圖3）。

(4)以食指從鼻樑山根（鼻的最上方）的兩側，順著鼻兩側按摩下來，按摩到兩鼻翼旁的迎香穴，用力按壓，做三次（圖4）。

(5)然後坐起身，雙手搓熱，放鬆搓揉腎臟部位，順氣三遍（圖5）。

(6)雙手握拳，以指節部位由上而下，順著脊骨雙側按摩三遍（圖6）。

◆起床的動作

身體先轉向右，雙手撐在地上，從右側慢慢起來。養成起身時都是右側起床，讓心臟在上方，是健康的起身方法。

現在，我們可以輕鬆地起身下床，開始光明、元氣的一天。

調和身心的順氣法

圖 1

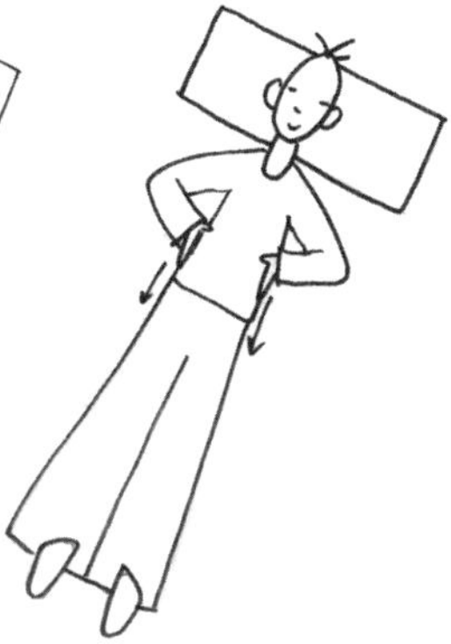

圖 2

圖 3

圖 4

圖 5

圖 6

深層清淨體內的喝水方法

當我們起床梳洗後，除了外表的清潔之外，建議大家可以喝乾淨的水來洗滌體內，將體內的火氣消除，藉由喝清淨的水，開始一天的體內環保。

這種喝水方法的特別之處是：喝水的姿勢與水進入身體的途徑，與平常喝水不同。這個喝水的姿勢很微妙，先將喝水的姿勢調整好，口中很自然地會增加唾液的分泌。調整步驟為：

(1)頭部調整好。大椎骨放下，肩胛骨放下，讓前突的頸椎可以往後推，下巴取平平內收（圖1）。如果想要檢測姿勢是否調整好，用手靠近兩下頷的位置，看是否能感覺熱氣散出。如果有就是做到了，如果沒有就再重新調整一次。

(2)然後，再含一大口水在口中（圖2）。如果偏離了上述的姿勢，可以稍做調整。

(3)然後再將水慢慢嚥吞，水從喉嚨的正中央喝下去，好像身體中央有一條管子可以讓水順流下去（圖3）。如果你有足夠的觀想能力，可以觀想喝進去的水沿著頂輪、喉輪、心輪、臍輪到海底輪（圖4）。

這樣的喝水方式，對於身心的淨化有很大的助益。除了早上起床時練習之外，平常喝水也可運用此方法。

甘露飲喝水法

圖 1

圖 2

圖 3

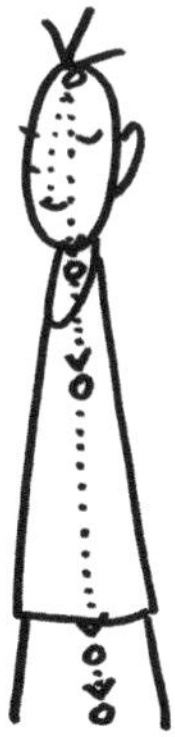

圖 4

練習一些時日之後，會讓你有意外的驚喜與收穫。

早晨的柔身運動

早晨練習柔身運動，可以活絡全身的氣血，讓我們的關節鬆開，全身輕鬆柔軟，就很有活力，開始元氣的一天。

以下所介紹的放鬆體操，常被運用於靜坐之前舒展身心，讓後腰、胯及脊椎、四肢達到充分的運動。

◆第一式：大鵬展翅（鬆腰彈膝平擺手）

要訣：身心全部放鬆。

(1)放鬆腰部，膝蓋微彎，兩手自然下垂，置放在身體兩側。身心完全放鬆之後，感覺兩膝像彈簧一樣有彈性，膝蓋彎曲後，即自動回彈。膝蓋彈起來時，兩手像大鵬鳥的翅膀一般，藉由彈力，自然向兩側平展而出。

(2)膝蓋彎曲，雙手交叉放下。

(3)膝蓋彈起時，再利用這股彈力，兩手在胸前彈起交叉。

(4)膝蓋彎曲時，雙手下垂。再繼續重複以上動作。

第一式：大鵬展翅

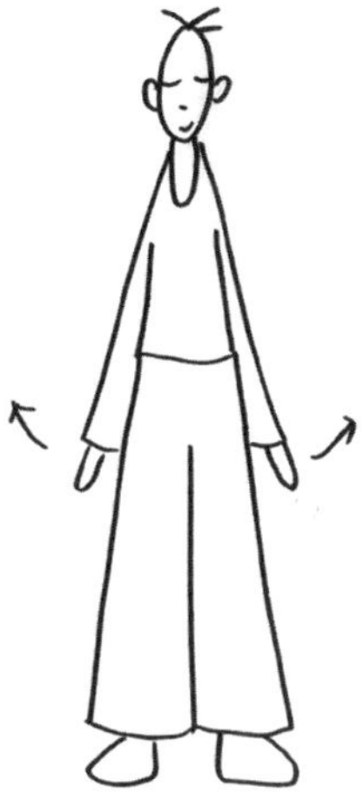

圖 1

圖 2

圖 4

圖 3

◆第二式：楊柳飄風（轉腰甩手）

要訣：全身放鬆，以腰為軸，身體其他部位不動，雙手像楊柳一般向左右飄動。

(1)身體保持正直，雙手放鬆下垂，雙手如楊柳。

(2)腰向左轉時，左手後打腰部（腎俞穴），右手由身前環繞上打肩胛（膏肓穴）。

(3)腰向右轉時，即右手打腰部，左手上打肩胛。

注意：這個運動能使腰、肩與脊骨氣血通暢。但是婦女懷孕者忌用此式，因為打腎俞容易影響胎兒。

第二式：楊柳飄風

圖 1

圖 2

◆第三式：身如遊龍（轉腰彈膝甩手）

要訣：身心放鬆如以上要領，在彈膝蓋的同時，腰部也同時轉動，為前二式的結合動作。

(1)彈膝時，腰向左轉，右手自然向身前橫擺，手掌向左；左手向身後橫擺，手掌向右。

(2)彈膝時，腰部轉正，身體回正，兩手向身體兩側平擺而出。

(3)和(1)相反，腰向右轉，左手自然向前橫擺，手掌向右，右手向後擺，手掌向左。

(4)和(2)同。

第三式：身如遊龍

圖 1

圖 2

圖 3

圖 4

◆第四式：舉月攀月（彈膝上下甩手）

要訣：身心完全放鬆，要領如前所述。膝部自然彎曲彈起，手也隨著腳的彈起而用出。

(1)鬆膝曲膝，此時手置身體兩側自然下垂。

(2)膝蓋彈起時，手像繩索一般完全放鬆，由於膝蓋的彈力使之向前彈起，向上擺動，舉高至頭，如雙手攀著月亮一般。

(3)鬆腰曲膝，手由上自然放下甩手，恢復到第一式的狀況，手置身體兩側。

(4)膝蓋彈起時，手自然順著慣性弧形的擺動，向後方擺動。再繼續重複以上動作。

第四式：舉月攀月

圖 1

圖 2

圖 3

圖 4

以上四個動作，能讓身體的氣血流動、關節鬆開、全身輕鬆，再配合腰部及膝蓋關節、腳踝的轉動，身體變得柔軟，就適合打坐了。

做以上的四個運動時，心念不要散亂，動作要和緩，將意念放在前腳掌心，大約湧泉穴的位置，或是手心，使意念統一，幫助定力的增長。

只要完全遵照以上的方法確實練習，將很快地使我們的身心有不可思議的轉變與發展，產生前所未有的體驗與改變！

■飲食放鬆法

在電視上我們常看到：忙碌的上班族一手提著公事包，一手穿外套，嘴裡咬著麵包，急著趕出門的景象。

現代人可能無法花很長的時間慢慢吃早餐。其實，吃東西時間不一定要很長，而是吃的時候好好放鬆身心，然後慢慢咀嚼；如果緊張地把食物狼吞虎嚥，不僅容易消化不良，也是最不合乎養生原則的。

放鬆較容易消化飲食的精華

如果吃飯時身心不能放鬆的話，是沒有辦法吃出食物味道的。因為，我們身體緊張的時候，舌頭上會布滿舌苔，把味蕾都蓋住了，使得舌頭緊縮，味蕾無法舒張，當然沒有辦法嚐到味道。

有的飲食專家在平日都有刷舌苔的習慣，就是因為舌苔會影響味覺。

再者，我們身心緊張時也會減少唾液，沒有唾液，食物就不好吃了。只有身心完全放輕鬆，才能吃出食物的味道。

身心如果能放鬆，不但能嚐到飲食的妙味，而且更能完全吸收食物的營養。身體緊張的時候，是無法吸收營養的。身心很放鬆的人，對食物的營養或損害，感覺非常敏銳，而且身體的反應也很快，所以如果吃到不新鮮的食物，很快就會將其排出體外。

其實，食品裡面不是只有營養而已，還有能量，所以即使是同樣成分的東西，天然的食品，能量一定比較高。所以平時不妨多吃天然、較少加工的食品。

放鬆飲食的方法

如何將放鬆運用在飲食上呢？

在吃東西之前，首先我們要將身心完全放鬆，特別是口腔的牙齒和舌頭，先將牙齒與牙齦從內部放鬆出來，再將舌頭從舌根到舌面柔軟的放鬆，身心專注而放鬆的將食物送至口中，細細咀嚼，緩緩嚥下。

當我們的牙齒放鬆之後，會變得更有力量，咬合也更密接，更能確實嚼碎食物；而舌頭放鬆之後，自然產生唾液，更加強了消化的功能。

剛吃飽飯時，可以練習放鬆嗎？

剛吃飽飯，並不適合立即練習站立放鬆的方法，但是可以練習走路的放鬆法。

我們可以利用餐後散步一下，讓身體完全放鬆，心中可以沒有任何念頭；也可以專注在貼地一腳的腳掌心，從脊椎到腰胯乃至後腳筋完全放鬆，使整個腳掌完全平貼於地面，一心行走。

也可以使用慢步行走的方式，一步一步將腳掌全部貼地，將注意力放在後面那隻腳的腳掌心，待前面的腳完全踏穩了，再換腳向前。緩緩的行走。

飯後練習放鬆走路的方法，可以幫助我們吸收消化更好，身體更健康！

■走路放鬆法

現代人的壓力在身心留下了明顯的痕跡。如果我們留心觀察捷運站前上下班的人潮，處處都可以發現一個個緊張、僵直的身軀，在紅綠燈下蓄勢待發，面無表情、急急忙忙地衝向目的地。

這種緊張、僵硬的姿勢會造成身心更加緊張，進而產生種種生理、心理上的疾病。如果在走路時也能掌握住放鬆的要領，日積月累，對身心的助益將難以衡量。

其實，走路是練習放鬆的絕佳機會，如果能掌握要領，放鬆的走路，將能對身心的健康有極大的利益，心情也會開朗舒暢。

如魚游於水中

走路時的放鬆有以下幾個要點：

(1)平常走路時，身體全然放鬆，心中不存有任何念頭，而專注於貼地之一腳的前腳掌心上。

(2)從脊椎到腰胯以及後腳脈放鬆，就能讓腳掌完全貼於地面，如此一心行走。

(3)慢步時如虎步，一步一步，腳掌全部貼地後，再緩慢而走。
(4)快走時如龍行，迅速但如行雲流水，如風之行而毫不黏滯。

以上的行走方式，對放鬆練習很有幫助，而且將心專注於腳底時，身體的四大容易調和，身體會愈來愈健康；如果有疾病，如感冒，也能有所助益。

我們平時走路的時候，可以用以下的觀想來達到養生的境界：甚至可以想像是在清澈碧藍的馬爾地夫潛泳，將心、身、息都放鬆了，像魚游於水中一樣。

坐著走路——妙定功

我們觀察一般人行走時，經常是拖著沈重的步伐，或是必須「勞動」雙腳來步行。可以發現到，一般人通常都有碎動的習慣，雙肩聳高、胯骨提起，膝蓋很僵硬，腳後跟提起，腿部很僵硬，髖關節、膝部氣都有堵住的現象，而且身體內在的氣脈也堵塞住了。

以妙定功來走路，其實是坐著走路。想想看，如果我們練習「坐著」走路時，根本無需任何一個部位用力。換句話說，我們站立時其實也是坐著的，所以我們也試著讓自己是以坐著的方式來走路。

法。

首先，還是將身體線條調整好，然後開始走路。此外，還要建立三個觀念與方法。

◆腳踏實地

走路時要肯腳踏實地。若是右腳起步，則將重心放在左腳，左膝放鬆；然後右腳從腳趾起，由下往上全部放鬆，右腳只是提起來作準備走路的動作，不必用力。不論提腳、放腳，整個身體放鬆放下，連成一線。

◆身如楊柳

身如楊柳的比喻是身體如楊柳一般，很放鬆自在。

◆坐著走路

坐著走路的意思是，我們的上半身是坐腿上走路，腿只是在執行走路的動作罷了，一點也不勞累。

掌握了以上的要點，走起路來便輕鬆自在。

腳趾頭走路運動

氣血通暢是影響身心健康的重要因素，而直接刺激末梢神經，則是促進氣血循環很直接的方法。

以下介紹的腳趾頭走路運動，除了刺激末梢神經的功用之外，對於腳比較沒有力氣或長年站著工作的人，都有很大的助益。

(1)首先我們站起來，將鞋子脫掉，讓身心完全放鬆，雙腳與肩同寬，膝蓋微彎。

(2)把兩腳的十個足趾張開向上提，盡量張開，再利用十趾抓著地面，扣緊地板，利用這個力量向前推進。

(3)注意，足後跟不要提起來，完全放鬆，僅用足趾的力量扣住地面前進。練習時注意不要在粗糙的地面練習，以免足底磨傷。

由於腳趾布滿末梢神經，而且大家都慣於穿鞋，腳趾頭平時幾乎都沒有運動，所以剛練習時，可能腳趾頭感覺很痛，或有走不動的現象。原因是，此法對末梢神經是很直接的刺激與鍛鍊，但是有此情況時，請繼續保持練習，練習幾次後，便會有所改善。

大部分的人剛開始練習，都會感到足趾很痠，甚至會痛，也有足趾張不開的，或走不動的，但練習幾次之後，就可行走了，請不要心急。

有些人練習時，腳底、手掌都會流汗了，而這種汗特別稠，味道也比較臭，這些都是陳年堆積在體內不好的物質，經由本法將不好的物質排出來。

至於每次練習要走幾步？視個人的體質與時間而定。通常每次走四十九步，也有人可走一〇八步。走完之後如果流汗，記得用毛巾擦乾，多喝一點溫開水，然後休息一下再活動。

此外，腳趾的運動可以刺激腦部，並且使我們的腳跟像立地生根一樣種下去，吸收地氣。此運動更能刺激五臟六腑，讓我們的五臟六腑功能作用加強，並能預防老年痴呆症等等。

放鬆走路改善身心的實例

筆者以前爲企業界高階主管講授放鬆禪法時，有某企業的高階主管，平時上下班、外出都有公司專車接送，很少機會走路。他的健康狀況並不佳，學了放鬆禪法之後，他對其中走路的放鬆法特別有興趣，於是決定改變一下，就改搭捷運上下班，每天利用這小段時間來改善健康。

在走路到捷運站的這段時間，他想像自己飄浮在馬爾地夫的海水裡；等車的時候，他就練習站立放鬆；上了捷運，站穩了之後，隨著車身振動的節奏，他也放鬆地自然擺動身體。不久之後，長年困擾他的老毛病——坐骨神經痛，竟然明顯的改善了！

■站立放鬆法

生活中的行、住、坐、臥，無一不是練習放鬆的好時機。上班族每天花在通勤上的時間，其實也能善用作為增長身心健康的好時段。

當我們等公車等得腳痠腿痛，或是在捷運中擠得無立足之地，還得拚命拉著吊環保持平衡，好不容易捱到下車，真猶如脫離險境、歷劫歸來一般。其實，只要我們能掌握到站立放鬆的要領，隨時隨地在站立時放鬆，便不會覺得疲憊不堪，甚至在搭車時，還能以較輕鬆的姿態，隨著交通工具的動能，來調整身體的筋骨。

立姿放鬆法

在剛開始學習放鬆時，我們可以採用以下的姿勢來練習：

(1)首先將兩腳打開與肩同寬，重心置於腳掌，腳掌完全踏在實地上，感覺似乎可以踏入地中一樣。

(2)注意兩膝不要用力，也不要打直，放鬆而自然微彎，上半身的腰與背自然與地垂直，使脊椎骨一節一節往上疊，尾閭骨與地面垂直。兩肩、兩手自然下垂，頸部、頭部與脊椎形成一直線。

(3)這時我們的心情保持寧靜，眼睛可以微張，或自然閉上也可以。

站樁放鬆法

站樁放鬆法是另一種對身、心改造更有效的方法。

立姿放鬆是比較輕鬆、且較易讓心止息的姿勢；而更進一步的站樁禪法，效果更加迅速。現代人大都希望能透過有效的生理機能的鍛鍊，使將來有更好的身體，培養健康的心靈。所以，我將這套放鬆法與太極拳的練身方法——站樁，結合在一起。

這種站樁的方式跟一般站樁的方式不太一樣，身心在迅速的放鬆下，會比一般樁法來得累人。所以，不一定要長時間練習，累了的時候就休息，不要勉強。還有當我們站樁放鬆之後，因為體內氣機充足，筋骨柔軟有力，所以不要去碰撞別人，以免傷到他人。

放鬆的站樁方法如下：

(1)首先，將身上眼鏡、手錶等物品去除。然後把全身的骨頭都放鬆，尤其肩胛骨，先讓它往下掉，尾閭骨讓它感覺與地面垂直。胯骨往下掉，膝蓋骨也往下掉，腳掌與地面貼平。

(2)這時雙腳慢慢微曲，感覺像坐在虛空中的椅子上面。站樁的姿態，就保持這樣子。

(3)在提手之前手要放鬆，肩膀先往下掉，兩臂放鬆，兩手手掌十指鬆開，兩隻手就像充氣的氣球一樣浮起來。但兩隻手中間好像有磁鐵吸住，使兩隻手浮起來時，手掌跟手掌是互相面對。

(4)手輕輕地浮起來，兩手掌相對，如同抱著月亮、抱著太陽一樣。手指頭裡都是空的，都是充滿了氣，關節的地方也非常靈活。感覺兩肩膀間有個打氣筒，從兩隻手臂開始灌氣，直到充滿十根指頭。

以此姿勢來進行放鬆禪法的導引。

■坐姿放鬆法

除了站姿之外，我們也可以坐著練習放鬆。

(1)坐在與膝同高、大張一點的椅子上，上半身保持與立姿相同的狀況，兩腳平放於地，兩小腿自然與地垂直。

(2)背部可以依靠椅背，臀部則盡量緊貼著椅背坐，讓背自然直起來。大腿與小腿成一直角。

(3)如果椅子太高，可在地上墊東西使兩腳墊高，如果椅子比較矮，那麼就可以在椅子上加坐墊，盡量使大、小腿形成直角。

注意，坐著時不要彎腰駝背，像坐在太軟的沙發椅或是俗稱的「懶骨頭」，就不適合。

全身攤在椅子上鬆垮垮的，看起來很放鬆，實際上卻只有表面放鬆而已，因為在這種不平衡的姿勢中，身體一定會有某些部分承受了特別多的壓力而無法放鬆。

剛開始練習放鬆時，以立姿為最佳；但如果放鬆時，站久了太累的話，就可改以坐姿或者停止練習，休息一會。

而坐姿的放鬆特別適合上班族和學生練習，因為這些人都是長時間坐著，可以善加利用坐姿放鬆，恢復體力。

妙坐功

最近頗為流行的經濟艙症候群，大都是由於長時間的坐姿不正確，引起血液循環不良所產生的病症。

一般人的坐姿大都以腰部或以胸椎的支撐來挺胸，如果我們長時間以這種不良姿勢來坐著，會引起身體不適，一點也不奇怪。所以，如果我們在坐計程車、搭飛機或是坐在辦公椅上班時，以妙坐功的方法坐著，便會越來越舒服，越坐精神越好。

首先，當我們就坐時，要將臀部頂住椅背，腰部放下，背部緊貼椅背；如此腰部及胸部乃至整個上半身，便會自然地直起來，身線不會歪掉，也不會讓腰部錯用力，而使背部的線條曲折到，受到壓迫產生不適。

◆妙坐功的練習

現在，我們便開始練習基本的妙坐功。

(1)放鬆地站在椅子前。（圖1）

(2)雙腳做胯骨調整的練習（參考胯骨的調整方法）。（圖2）

(3)然後慢慢坐下來，臀部要頂到椅背。（圖3）

(4)臀部頂住椅背時，再稍微向上提，此動作可讓臀部的肌肉完全張開，然後坐下來。（圖4）

(5)背部放鬆靠貼著椅背。大腿與小腿成直角。若腳掌無法踏著地面，可利用墊子墊在腳下；若椅子過低，則可用墊子墊在臀下。雙腳腳掌平放在地上，雙腿的腿線往上需與胸線對齊。（圖4）

這時我們可以觀察脊椎骨是否是放鬆的？一般的坐姿，脊椎常常堵住，脊椎一頂住，我們的氣也就堵住了，連帶肩胛骨也就會受傷。長期累積下來，便使得背部、腰部、肩膀經常都有痠痛的現象產生，所以脊椎骨的放鬆是非常重要的。

此外，再檢查肋骨是否放鬆了？當我們的肋骨一放鬆，肺活量便自然增加了。附帶一提的是，許多女性常常會覺得呼吸不順，最主要的原因都是在背部，只要我們將肩胛骨放下，不要提吊著，如此將能獲得改善。

妙坐功

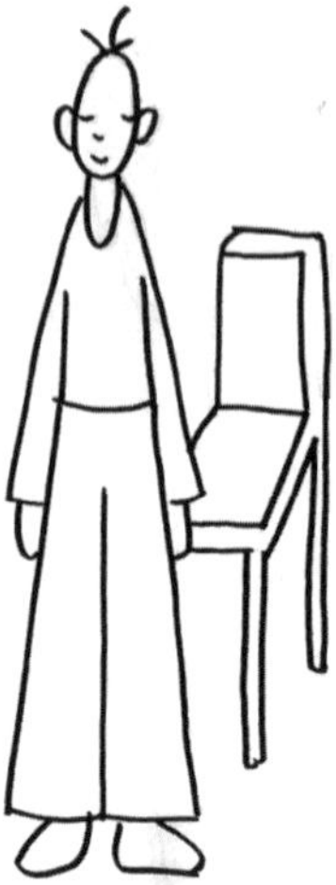

圖 1

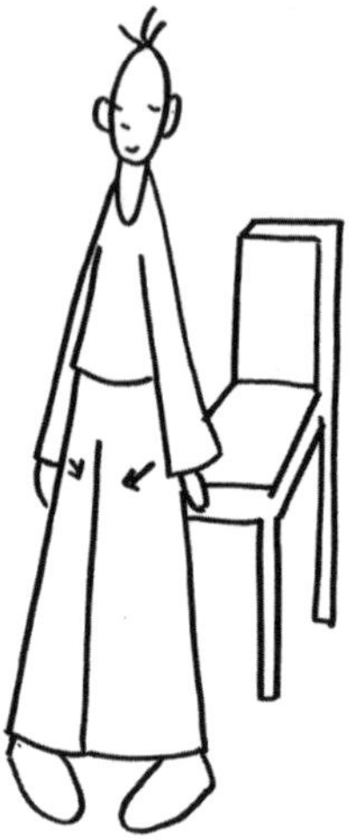

圖 2

圖 3

圖 4

◆妙坐功練習的要訣

- 如果膝蓋有外翻的現象，使膝蓋微微向內扣，則氣便順暢了。
- 發現緊張的部位就放鬆、放下。

■放鬆入睡法

清醒與睡眠是人類生命活動運作中所必須的狀態。人的體力耗用到一定程度時，睡眠可以讓人因休息而補充所需的能量，所以充分而良好的睡眠品質，可說是生命最佳的保養。

一個沒有焦慮的人，疲累時能夠馬上入睡，睡足時能馬上醒來。而一個身心放鬆的人，更能隨時隨地入睡，需要醒來時，更能即刻醒覺。他的心靈像電燈一樣，要關時就暗，要開時就亮，隨時運作自如。

完全放鬆的睡眠——睡夢禪法

如何達到完全放鬆的睡眠呢？首先，要準備入睡時，先將自己的骨骼、肌肉、內臟乃至每一個細胞完全放鬆，把控制與緊張的力量放掉。

我們可以利用前面章節中所教授的放鬆禪法來做練習：從最粗重的骨頭開始放鬆，一直到最微細的內分泌、神經系統，以及全身的細胞都放鬆……最後，我們感覺身體像水、像風一樣的輕鬆自在，心靈得到最大的休息與專注；此時，可以輕輕的關掉身體的開關，輕輕鬆鬆地休息了。在任何時間、任何地點，只要我們願意，都可以自在的休息了。

◆五分鐘也可以獲得很好的休息

練習睡夢禪法一段時日後，等待身心恢復到較好的狀態時，睡眠的時間也自然會回復正常。甚至，當我們疲累時，只要五分鐘的休息，都可以獲得良好的身心放鬆。

數息入睡法

如果覺得前面的睡夢禪法過於複雜，怕自己想太多，覺得不適用；那麼，你可以利用數息入睡的方法，來讓身心放鬆安定，去除過多的雜念妄想，而輕鬆入睡。

數息法入睡的姿勢一般採取「吉祥臥」或仰躺，全身放鬆，然後看著呼吸，一呼一吸為一循環，呼出時數「一」，再一循環數「二」，如是一直數到「十」。這樣由一數到十不斷的數下去，直到入睡。

◆什麼是數息法？

數息法是釋迦牟尼佛教導弟子「定心」的方法之一，梵文稱為「安那般那法」，佛典中的《安般守意經》就是專門介紹這個方法。數息法顧名思義就是數呼吸的方法。

數息法是一個簡單攝心的方法，其作用是要減少我們心中所想的妄念，將心念降低到最單純的狀況，使生理上只剩下呼吸，維持最簡單的生命運作；心理只剩下對呼吸的了知，數著呼吸。這種身心合一的狀況，能使我們達到純淨一如、完全放鬆的狀態。

這是一個非常簡單的方法，和醫生教導失眠的人數綿羊的方法有點類似，其中最大的不同點在於：數息是配合著呼吸來進行。

由於呼吸是我們與生俱來的本能，除非突然一口氣上不來的時刻，否則醒時或睡時都是有呼吸的，它是不需要我們再花費精神另外用心思考。

配合呼吸的數數非常單純，所以腦部的運作會降低，只剩下數目字而已，一陣子過後，自然而然就放鬆入眠。這時候入睡，是不假循誘，自然而眠，因此此時的煩惱妄念已減到最低，夢醒時也必然純淨美好。

◆數息法的注意事項

數呼吸時，讓呼吸像平時一樣自然，不要試圖控制呼吸的速度。最好讓呼吸自然變得緩慢均勻，自然沈靜下來。

建議大家實行數息法時，最好數「出」息，而不是「入」息，比較可以把體內的濁氣呼出。

數到後來，如果覺得數數這個念頭很粗，會影響自己的睡眠，就放棄數呼吸，只要看著呼吸自然運作就可以了。

彈指入睡法

睡夢禪法和數息入睡法是讓我們漸入睡眠的方法，如果練習很熟練時，可以在一彈指間就入睡。

或許有些人不需要這樣的訓練，因為他一倒頭就呼呼大睡了，這也可以算彈指入睡，不過與我們在此介紹的方法，仍有些微妙的差別之處。

經過練習之後的彈指入睡，是在煩惱解除之後而身心輕安的入睡法。與天生易眠的人比較，一般而言，他並沒有辦法身心輕安地睡著，只是處於一種昏沉無記的狀態而已，醒來之後的煩惱與睡前的煩惱還是一樣的多。

如果已經到達彈指入睡的人，在夢中與醒覺之間，都能自在無礙的面對問題，而且沒有煩惱與壓力的負擔。

完全熟練彈指入睡的人，腦部的意識就像關燈一樣，輕輕的一關，就安然入夢；睡醒時也像打開開關一樣，「啪！」的一聲就醒了。

這種境界的身心已經進入了完全放鬆的狀態。這時只要心中生起入睡的念頭，身體馬上接受指示，立刻入睡。

局部睡眠的運用方法

彈指入睡法可轉化出一種有趣的現象：由於身心全部放鬆，全體一如，到達身心統一的狀態，這時我們可以輕易停止身體局部的功能，而不妨礙其他部分的運作。例如我們可以讓前腦、左腦、右腦、後腦各部分局部睡覺，也可以讓身體左、右半邊各自睡覺。

彈指入睡法需要很深的禪定訓練，使人在最短的時間內，身心得到完全的放鬆。尤其是心的放鬆，一定馬上能影響到身體的功能運作。

如果我們沒有禪定的基礎，也可以利用放鬆禪法或睡夢禪法，不間斷的練習，久而久之，就可水到渠成，達到完全放鬆、自我身心完全統一的境界。

■呼吸放鬆法

從胎兒開始，我們就在母胎裡面跟母親一起呼吸；出母胎以後，就用自己的呼吸系統呼吸了。前面是所謂的「胎息」，而後面是所謂的「後天息」。

嬰兒時期，是用丹田呼吸，也就是腹息。但當我們逐漸長大，身心壓力使我們呼吸上移，而變成肺部呼吸，人體重心也因緊張而移往上方達到肩頭。所以，我們的兩肩會緊張上聳，造成肩部的氣血不暢；慢慢影響頸部，使頸部僵硬；而後腦部血管也變硬，血壓升高，時常頭痛。尤其現代人生活壓力更重，肩、頸與頭部所引發的疾患最多，到最後整個身心都緊張，呼吸愈來愈淺短，原本呼吸時希望能吸到較多的空氣，結果是愈想吸而愈覺得吸不到。

呼吸愈細微深層的話，代表身心健康愈理想。當我們練習放鬆禪法時，呼吸的狀況也會明顯的改變。最明顯是從胸部呼吸，轉變成腹部呼吸；接著再從上腹部的呼吸到達下腹部的呼吸；更進而使全身的內臟呼吸甚至連毛孔也都開始自己呼吸了。本來人類就是毛孔呼吸的動物，只是我們使這個功能退化掉而已。

呼吸亦可用於疾病的治療。如果某部位的內臟有毛病，可以利用放鬆教學第三階段的內臟放鬆法：在骨頭、肌肉都完全放鬆之後，開始想像內臟的細胞收縮情形，再利用這個收縮把裡面的濁氣吐出；盡量吐，到達極點後，再慢慢吸進乾淨、新鮮的空氣；想像內臟像被溫暖的冬陽曬得暖烘烘的，完完全全舒展開來，盡情吸取外界新鮮的空氣。這種直接讓內臟換氣的方法，能活化我們的內臟細胞，使正常人更健康；而對身體機能曾受損者，更能明顯地察覺出效果。

吐氣的方法

很多人常注重吸氣，卻不知要學吸氣之前，必須先學吐氣，將體內的濁氣、心中鬱悶之氣完全吐盡清淨，使身心輕鬆自在。以下這個吐氣的方法，非常簡單，即使在工作休息之餘亦可練習。

(1)輕鬆站著，讓自己全身骨頭都放鬆開。（圖1）

(2)讓自己的軀幹骨節，從頭部開始，沿著脊椎骨一節一節的放鬆向前往下掉。骨節放鬆往下掉時，身體也漸漸向前彎下。（圖2）

(3)此時，將濁氣以鼻子或嘴巴吐出，盡可能想像把全身的濁氣吐出，特別是沿著一節一節的脊椎骨，將脊椎骨的濁氣吐出。（圖3）

(4)身體彎到不能彎時，稍停一下；然後從脊椎的尾端開始，一節一節向上拉

放鬆吐氣法

圖 1

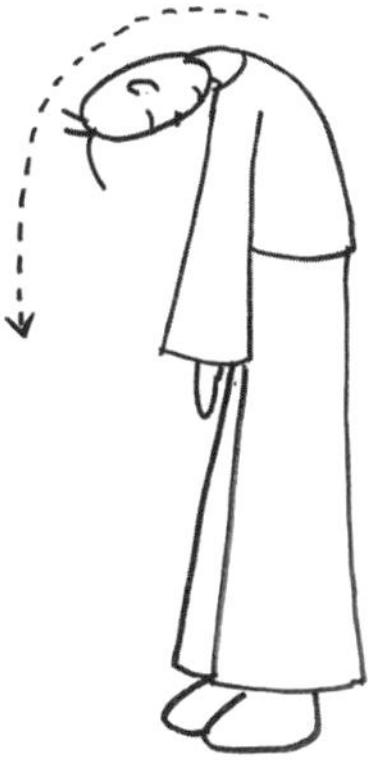

圖 2

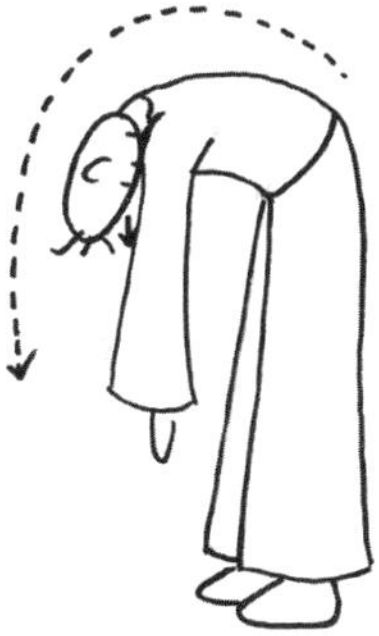

圖 3

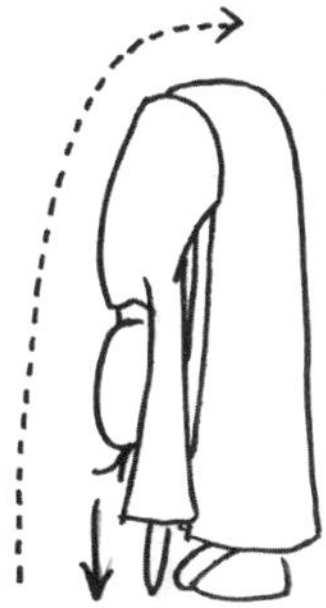

圖 4

圖 5

直。（圖4）

(5)一面拉直一面以鼻吸氣，吸入全身每一個細胞。尤其是脊椎骨更要盡量吸氣，以氣拉直背脊。（圖5）

將上面深呼吸的動作，反覆做三次。

以六氣調理五臟的方法

以息養生，以氣治病，是極為有效而簡單的方法。

天台宗的智者大師曾經傳下六氣治病的方法，十分神效。在智者大師所著的《摩訶止觀》卷八中，簡介了這六種氣的用法，他說：「用氣治者，謂：吹、呼、嘸、呵、噓、嗬，皆於唇吻吐納，轉側牙舌，徐詳運心，帶想作氣。」這是說明，所謂用氣治病，就是運用我們的口吐納出「吹、呼、嘸、呵、噓、嗬」等六種聲，音在發聲時安詳的運用心念，並帶著觀想來發出氣息。因此這個方法，有三種重點要注意：

1. 要安詳的運心，不要急促。
2. 要運用觀想心念來發氣。
3. 由口齒運動呼氣而出。

接著智者大師告知我們，當身體有七種疾患時，如何運用這六氣療治。他說：「若冷用吹，如吹火法；熱用呼；百節疼痛用嘻，亦治風；若煩脹上氣，用呵；若痰癊，用噓；若勞倦，用呬。」

道家也有用氣調理身心的方法。綜合六氣的修法，我將其整合為「六氣靜功法」。修習六氣靜功法時，身體的姿勢可以使用雙盤、單盤或散盤等各種常用的靜坐姿勢。也可以坐在椅子上，上半身的姿勢與平常靜坐一樣，不要靠背。也可以站姿來修習。

◆如何以六氣調理五臟？

(1)當心臟生病，或功能不佳時，可以使用呵氣法來調理。

首先我們自然放鬆身心，安心靜坐，想像從心臟緩緩的吐出呵氣，將其中陳舊的氣息完全吐出，讓心臟轉換成如同紅寶石的光明，充滿能量。

(2)當肝臟生病，或力能不佳時，可以使用噓氣法來調理。

首先我們自然放鬆身心，安心靜坐，想像從肝臟緩緩吐出噓氣，將其中陳舊的氣息完全吐出，讓肝臟轉換成如同綠寶石的光明。

(3)當肺臟生病，或力能不佳時，可以使用嘻氣法來調理。

首先我們自然放鬆身心，安心靜坐，想像從肺臟緩緩吐出嘶氣，將其中陳舊的氣息完全吐出，讓肺臟轉換成如同水晶般的光明。

(4)當腎臟生病，或力能不佳時，可以使用吹氣法來調理。

首先我們自然放鬆身心，安心靜坐，想像從腎臟緩緩吐出吹氣，將其中陳舊的氣息完全吐出，讓腎臟轉換成如同黑珍珠般的光明。

(5)當脾臟生病，或力能不佳時，可以使用呼氣法來調理。

首先我們自然放鬆身心，安心靜坐，想像從脾臟緩緩吐出呼氣，將其中陳舊的氣息完全吐出，讓肺臟轉換成如同黃寶石般的光明。

如果我們以坐姿來練習六氣法，每次以七次吸氣、吹氣為一階段，七次之後，稍微停止，安心定意，安心一會兒，再繼續練習。以上是治療疾病的方法。如果是平常吐掉體內的濁氣，則一、兩次就夠了。

當我們任何一個內臟生病，或感到不舒服，可以同時用六氣法來調理。

(1)如果體內感到很冷時，就用吹氣法，將寒氣從中緩緩吹出。

(2)如果感到躁熱時，就用呼氣法，將熱氣從其中徐徐呼出。

(3)如果感到心痛時，可以用嘶氣法，將疼痛從心臟裏緩緩吐出。

(4)如果感到煩悶、噁心時，可以用呵氣法，將濁氣從其中裏緩緩呵出。

(5)如果感到有痰或血塊堵塞不通時，可以用噓氣法，將寒氣中緩緩吐出。

(6)如果感到疲勞時，可以用嗬氣法，將疲勞從內臟裏緩緩吐出。

■放鬆打電腦的方法

使用電腦已經成了現代生活中的一部分，同時也成為現代人主要的壓力來源之一。

要減輕電腦對身體的傷害，首先我們要調整打電腦的姿勢：

(1)身體宛如浮在水中，完全不用力、自然浮直。

(2)肩膀與手腕自然放鬆、放下，手腕不易受傷。

(3)頸部以妙定功的姿勢，自然正直。

(4)臀部如同妙坐功的方法，盡量頂於椅背，身體自然正直，也可加一腰墊輔助。

(5)在輔助設備上盡量注意：椅座採用可調整高度的椅子，支撐點在前，使脊椎、肩、前臂及腕等所受壓力最少，減低重複壓力傷害，使用可調整之螢幕視距及光度。

(6)使用文字夾，可減低頸部壓力。

(7)調整椅子高度，讓腳部穩踏於地，對背部及大腿不會造成壓力。

調好正確的姿勢來打電腦之後，可以將電腦的傷害減到最低。

肩膀運動

在使用電腦時，常會不自覺的緊張，坐久了之後，常會覺得全身僵硬，此時除了可以練習妙坐功之外，也可以練習肩膀放鬆的運動。

練習時採坐姿或站姿皆可。

◆肩膀上、下運動

1. 肩膀慢慢往上聳起，直至無法再高（其他部位不動）。（圖 1）
2. 然後再慢慢往下放下。（圖 2）

肩膀上、下運動

圖 1

圖 2

◆**雙肩擴張運動**

(1)雙肩慢慢往內含著，身體其他部位亦不動。（圖3）

(2)雙肩再慢慢向外擴張開來。（圖4）

(1)、(2)動作可連續、緩慢做三次。

雙肩擴張運動

圖 3

圖 4

◆**雙肩旋轉運動**

(1)連續前二動作，做肩膀向前輪轉的動作。雙肩由上↓前↓下↓後，四個方向連續緩慢做三次。（圖5）

(2)雙肩反方向（上↓後↓下↓前）輪轉運動，連續、緩慢運動三次。（圖6）

肩膀運動可使僵硬的肩膀放鬆，預防「五十肩」的產生，消除肩膀的疼痛。

雙肩旋轉運動

圖 5

圖 6

休息一下

每使用電腦一小時，最好能休息十分鐘。同時，可利用這寶貴的休息時間，來做一些調節身心的運動。

我們可以將所有的運動分配於每個休息時段來練習，將之隨時靈活運用。經過一個小時的電腦工作，然後做一些緩和的運動，可以讓我們因工作緊張、疲累的身軀，能稍加放鬆、休息。

第七章

二十四小時的養生計畫

長生，不應只是增加我們的壽命而已，還要健康的長壽，不斷地開發我們的智慧和悲心，讓自己的長生，為個人及全體的生命創造最大的價值。真正的長生，具足了長壽、長春、長樂、長慈、長效五個要點。二十四小時的養生計畫，讓我們每天從早晨醒來的第一念，乃至晚間的睡夢之中，都能不斷持續，歡喜地長養自己的生命。

真正的長生，包含了五個要素：

(1)長壽：長久的壽命。

(2)長春：長壽而健康的生命。

(3)長樂：長壽、長春而且喜樂的生命。

(4)長慈：永遠慈愍他人的生命。

(5)長效：永遠有價值、有效率的人生。

具足了以上五個要點，才能創造我們長春喜悅的一生。

確立了以上五個長生的心要，現在我們要用二十四小時的行動，來實踐全方位的養生計畫。

光明成功的開始

◆從宇宙的母胎中醒來

早上醒過來時，不要急著馬上爬起來，先做一個讓我們整日順心的養生操：躺在床上，全身放鬆，如安住水胎中，就像嬰兒的時候住在羊水裡一般，海水就像是我們的故鄉，在水中我們可以很輕鬆，如魚一樣悠遊自在。雖然我們生活在陸地上，但是睡覺的時候還是可以想像睡在宇宙的母胎中，安睡在整個法界的母胎中，在大海水裡面悠遊。

早上我們醒來時，要先善用晚間安睡的夜氣。

首先，我們的雙手就像在海水中，自然的浮起來了。如果手很冰冷的話，可先輕輕搓熱，左手掌貼著身體，右手掌蓋在上面，從喉嚨下面的心口開始撫下來，想像將這光明的氣，順著心口，由心口撫到下丹田。這時我們會發現，心氣也順勢沉下丹田了，而且唾液會立即增加。如此重複做三次至七次。做的時候慢慢的做，不要急，氣一急就亂了。

心氣順完之後，再順腋下的氣，兩手如同小鳥展翅，貼著腋下，順三次到七次，此時會覺得全身舒暢。

接著我們再把腳輕輕地舉起，然後用右腳腳跟，從左腳大腿外側順推下來，推到膝蓋外側，再順推到腳踝骨，直到小趾，這是屬於足部的經絡。再來換腳，以左腳推右腳的外側，動作完全相同。

再來，用右腳腳跟從左腿內側腿根順著推下來，到膝蓋內側、腳踝骨的內側，下來到三陰交、腳踝骨內側，逐一推出去。

這個動作對女性特別有助益，可以預防婦女病。同樣的，我們左腳做完之後再做右腳，視自己的時間調配。如果趕著上班，做一次也可以，時間足夠的話，可以做三次到七次。

起身之後，可以用雙手熱敷後腰的腎部，補足腎氣，這樣會感覺一整天的精神好多了！如果前一天晚上睡覺的時候作惡夢，身心感到很不舒服，用這種方法撫心氣之後也會好多了，不但心氣撫順了，也把煩惱都撫順了。

我們安睡時就像安住在水胎中，起身的時候不要掙扎半天才爬起來，要感覺自己就像住在水胎中，身體自動浮起來，一點都不必用力。

◆吸入朝陽的光明

起床之後，我們面對太陽昇起的方向站立，迎著朝陽，非常喜悅，想像吸進太陽的能量，連唾液吞進體內，如此做十二次。有些人會想，一口吞進全法界的能量，那別人怎麼辦呢？這我們大可放心，因為法界的能量不增不減，吞再多也沒關係。

這時我們會感覺到生生不息的力量進來了，一整天充滿了朝氣，生生不息。這樣就像服下甘露，長生不老的藥，可以增長壽命；朝氣還可以去掉我們的陰霾，讓人高興、歡喜，身體很舒服。

當我們腳踏在地上的時候，要整個身體放鬆的踏上去，感覺整個身體很實在的踏住大地，跟地藏王菩薩一樣，充滿了悲心喜樂，天（太陽）、地（大地）、人三才交會。人跟地接觸很重要，所以要腳踏實地；頭要頂天，就要虛、放鬆，頭像氣球一樣很虛很鬆，就不必刻意頂著，平常的時候就很放鬆，像氣球一樣，頭很鬆的話，就跟天相會了。

腳落地，感覺很放鬆，跟地整個結合在一起，身體的重量就交給大地；肩膀交給大地，膝蓋的重量也交給大地，膝蓋要鬆，不要跟大地搶著抬東西。整個腳踏住大地，跟大地結合，如此天、地、人三才就交會了，生生不息。

◆映照成功的心鏡

早晨起身後，我們要刷牙、洗臉，清淨身體。這時候不要緊張，也不要草草了事，讓身體完全放輕鬆，呼吸也放鬆了，動作一點都不粗魯，身、心、息融合在一起，這是一個深妙的瑜伽心要。

洗臉時，把污染的眼垢清洗掉，把昏沉的睡意洗去，將身心一切染穢轉成清淨光明的明空境界。於是我們的心就如同廣大明淨的圓鏡，除去塵垢之後，自然就清淨了。身清淨之後，呼吸也柔暢了，心、息、身三者都如同大明鏡一般，映出人生成功的願景。

我們站在鏡子前面，將整個身心放鬆，從頭骨開始往下放鬆，放鬆到全身，放鬆到整個身體的筋骨，放鬆到所有的肌肉、內臟，到所有的細胞。連呼吸都放鬆，將身體裡面所有不愉快的感覺，從口中、鼻中全部吐出去。感覺自己從口中、鼻中吐出所有的怒氣、不滿、憂愁、苦惱，把全身所有的不如意、不圓滿，全部吐掉。

讓身體的每一個部位放鬆，呼吸會自然而然滲入身體每一個部分，清除掉身體裡面不好的空氣。當呼吸變得很柔和、很微細，不再像過去那樣強勁時，自然會慢慢滲入到我們身體每一個部分。這時，我們會感覺到呼吸也是充滿著喜悅，而使每一個細胞活化起來，它甚至會跟每一個細胞嬉戲。

在這種情形下，我們全身上下每一個細胞都可以得到充足的能量，得到交換，將裡面惰性的物質全部排除掉，這時我們的身心會感到十分地舒暢。每一個細胞都沒有壓力，完全舒暢地微笑起來。

這時，我們可以將呼吸所造成的笑，滲透到全身每一個筋絡，全身的筋骨，全身的肌肉，使身體所有的部分都能夠充滿了笑的空氣。

微笑新生的那一剎那，讓自己從心的最深層完全放鬆，感覺到完全放鬆的喜悅、生生不息。重新開始微笑起來，整個心笑起來，笑得很舒暢。我們的心也跟著變得很柔和，讓笑能夠滲透到全身每一個地方。

這時候，我們整個身心完全放鬆了，宛如新生的嬰兒一樣，那麼純潔，那麼自然，那麼柔軟。我們會突然間發覺到：「今天就是我出生的第一天。啊！我的生命重新誕生了。」

◆消化飲食的精華

一天有了好的開始，再來吃飯也要符合養生，不要匆忙緊張，像廣告上常看到：一手提著公事包，一手穿夾克，嘴裡咬著麵包，急著趕出門。

而我們享用餐點，也要帶著惜福的心。惜福並不只是把食物吃光，不管吃得多吃得少，分量如何拿捏，如何讓吃下去的食物達到最好的吸收，產生最健康的效益，也是惜福。

此外，我也常看見一些朋友，為了要奉守節約的美德，將壞掉的食物或是很鹹的菜汁勉強吃完。如果經常如此，反而損害健康，違背了惜福的本意。

資本主義社會的消費習慣是很浪費的，這是我們當思惟改善的，因為過度浪費是不道德的，而且物資匱乏的果報早晚會回饋我們自身。由於對資本主義的反彈，有人提倡另一種回歸清貧生活的主張。

其實，我們要思惟的是一個中道的生活、合適的生活。不必刻意禁除物質的享用，但是不應用揮霍、粗暴的心來享用。享用這一切的時候要善知感恩，好好體會每一種食物供給我們的養料、每一份參與製作者的心意。

身體很鬆靜的人，對食物的營養和損害，感覺是非常敏銳的，而且食物很快會對他產生作用。由於食品裡面不是只有營養而已，還有能量，所以即使是同樣成分的東西，天然的食品，能量一定比較高。以前有一個朋友跟我學打坐，他已經五十幾歲了，學了半年之後，還長高了三公分，而且他的感覺變得很敏銳，連食物裡的能量都感覺得出來，超市裡冷凍過的蔬菜，他聞起來都是腐敗的味道，最後他只吃野菜。

這是比較特殊的例子，但真正學禪學得好的人不會如此辛苦，而是吃到好東西他知道，吃到平常的東西也有平常的滋味；如果是對身體有害的東西，誤食之後自然會很快排出體外，不會挑三揀四，心裡也不會有很大的壓力。

身心放鬆的飲食，較能吸收食物的能量，所以說「妙味妙力食」，身心放鬆的時候，這精華甘露，我們馬上就能吸收，不會像狼吞虎嚥一般，只有吃下普通的營養成分而已。

得意悠遊的一天

◆如魚游水自在行

再來是我們平時行路的時候，可以用以下的觀想法來達到長生的境界。行路包括走路和坐車。

乘車時要如何養生呢？我們坐車時不要緊張，好像深怕被拋出車外一樣。如果車子動得很厲害的時候，我們的身體也可以稍微配合車子的節奏，輕微晃動，重心置於腳掌，感覺整個人就像水一樣。如果是坐著，手可以自然放在膝蓋上；若是站著時，就像在水中一樣，自然有浮力，一點都不用費力，自然悠遊自在。行路或安車，就像魚兒悠游水中一樣。

在平時走路，我們甚至可以想像是在清澈碧藍的馬爾地夫潛泳，將心、身、息都放鬆了，像魚游水一樣，無處不融通。

◆工作加值的人生

在現代人的生活中，工作占了很大一部分。如何利用工作來為我們的人生加值，是很重要的。

在佛法中，選擇正確的職業是很重要的，這稱之為「正命」，就是讓我們可以正確的安身立命。正確的職業，能夠在工作的時候引導我們長生；選擇正確的工作，也就是可以創造人間正面價值的工作，會幫助我們活得更快樂一點，所以說「正命引長生」。

相對於正命的是邪命，就是對社會造成不良影響的職業。此外，每一個行業都有正有邪，正邪是端看我們如何抉擇。以律師而言，有很好的律師，專門勸人家和解，但也有專門鼓勵別人打官司，以便從中謀利者，這種奸巧的心是違背長生原則的。我們的工作在創造社會價值的同時，也為我們的生命創造了更大的價值。

此外，恰當的工作時間也是長生的原則，不要成了工作狂。我們在上班的時間內努力去做，或是使它能產生很廣大的意義。如果因為工作的支持，而使我們能完成更多理想的話，當然也可以投入更多心力。

一個善於養生的人，工作時絕不會偷工減料，拿人家多少錢一定要做多少事情，絕不會占公司便宜，不會偷公司的時間。此外，也不要因為要急忙賺錢或升遷而過度工作，最後把身體累壞了，這就是沒有善用能力，也壞了我們的養生之道。

我們在工作的時候要學習跟同事相處，跟長官相處，跟有緣在一塊的人相處。如果是學佛的人，不妨把公司當做一個淨土，裡面的人都是佛菩薩的眷屬，這樣可以增長我們的福德和智慧生命。

而一般人在工作中學習跟其他人相處，也可以增長智慧。認真盡分的工作，福分自然可以增長；而我們以貢獻人生所生產出來的東西去幫助別人，可以增長我們的福德生命。

我們工作時要正確思惟。例如，明明是有毒的廢料，老板為了節省成本，不加以處理，而叫員工偷偷運到他處，如果我們跟老闆配合，做出有害的事，這是不合天理的，也是不對的。如果老闆違反勞基法或工作原則，叫員工去從事很可能受傷的工作，而且也沒為員工保險，這是要拒絕的。

但如果是工作上合理的要求，我們就要做到。真正有意義的事情，即使老板沒有要求，我們也要做到。做正確的事，這是大目標的正確思惟，而做得好不好，則是技術上的問題，這種學習也是聞思修的過程。

◆辦公室的養生禪法：腳趾走路法

我們工作的時候也要注意調和身心，坐久了之後，要起來動一動。通常過了大約一、兩個小時，工作累了的時候，暫時放下手邊的工作，做一些小運動，精神會變好，身體也可以在極短的時間內調整。其中有個最適合上班族使用的養生禪法：

它只需要很小的時間和空間，卻可以達到很好的效果。這是筆者從觀察猴子的動作所啟發的靈感，而發明的「腳趾走路法」。（參見第一八一頁）

首先我們站起來，把鞋子脫掉，讓身心完全放鬆，將重心落到腳心，然後把兩腳的五個足趾張開向上伸直，再扣緊地板，利用這個力量前進。注意，足跟不要抬起來，僅用足趾來走路。

我在許多課程教授這個方法時，學員叫痛連連，尤其是經常需要穿高跟鞋的女士，更是疼痛不已，這是因為她們長期受到高跟鞋的傷害而不自知。

此外，許多人走了幾分鐘之後，手掌、足心都流出比平時黏膩的汗，這是長期累積在體中深層的毒素，即使是平時的運動都很難排出來的。

在辦公室中，或者起身做做柔軟操也很好，運動完後多喝點水，幫助體內排出毒素，並可調和我們的身、心、氣，讓我們隨時保持最佳狀況，提高工作效率。

◆醒睡自在的睡夢禪法

我們在午休時，即使是很短暫的時間，也能有很好的睡眠品質。

如何在午休時達到良好的睡眠品質呢？可運用睡夢禪法（參見第一九二頁）。

首先，讓自己的骨骼、肌肉、內臟乃至每一個細胞完全放鬆，把控制與緊張的力量抽掉，就像使海綿自然鬆開，是放開緊抓海綿的手，而不是用力量將它扯散。

接著，身體感覺像水、像風一樣的輕鬆自在，心靈得到最大的休息與專注；此時，可以輕輕的關掉身體的開關，輕輕鬆鬆地休息了。在任何時間、任何地點，只要我們願意，都可以自在的休息了。

身息心一如的養生法

以下是讓大家隨時隨地都可以做的養生法。

我們從早到晚，身、息、心都要一如（圓融而無分別），觀身如、息如、心如，應用在日常生活裡面，身、心、息都是統一的，就像水一樣，像空氣一樣，像陽光一樣。我們將全身肌肉、毛孔，全身經絡、神經系統、呼吸系統完全放鬆開來，呼吸變得十分細膩，氣機充滿全身，感到無比的喜悅，每一個細胞都放鬆開來。

首先，我們想像全身的細胞都化成白色雪花，在陽光的照射下，開始慢慢溶化成水，全身變成透明的水形人。

我們生命的能量不斷增加，水開始蒸發成空氣，毛孔完全鬆開，空氣自由地進入我們的身心，跟整個大氣結合在一起，最後整個身體變成空氣。

宇宙的光明，不斷地注照我們氣化的身體。最好我們的身體自然化成光明，每個細胞都變成像水晶一般，放射出無量光明，卻又像彩虹一般，沒有實質。

我們隨時隨地讓身心安住在這種狀況，時時像水流動著、空氣流動著、光明照耀著，時時都是在生活的瑜珈中，跟養生、生生不息相應在一起，所以從早到晚，我們的生命都是活的。

輕鬆安適的家庭生活

結束一天的工作，回到家開始我們的家庭生活。晚上洗澡的時候，和早晨盥洗的心要一樣，將身心的塵垢清洗乾淨，轉成清淨光明的明空境界。晚上在家休息的時候，我們要徹底的大休息，讓身心都放空，不管是看電視或是讀書，都可以如此練習。

如果是有宗教信仰者，也可以利用晚上靜心用功，練習自己專修的法門。如果只是靜靜的休息，什麼事都不做也可以，不管做什麼，養生的心要就是身心完全放空，身心輕鬆自在，滿心歡喜。

很多人回到家休息就是看電視，但是身心還是很緊張，只是趕快找另一件事來填充一下，這是在殺時間。有時候雖然眼睛一直盯著螢幕，卻不知道在演什麼，只是不由自主地被吸引著，這樣的休息太累了、太緊張了，這是傷害養生之道的。

電視的輻射線雖然是少量，但看的時間長了，對身體也不好。此外，很多人看電視看到很緊張的時候，身體就不自覺往前傾，全身都很緊張，看到很爛的節目就一邊罵一邊繼續看，完全沒有達到休息的目的。

所以建議大家，每天看電視的時間不要太長，不妨看新聞報導、好的影集就可以了，其他時間可以散散步，看看書，把身心放鬆，這樣就可以一天從早到晚精神都很好，能夠輕鬆自在，滿心歡喜。

◆發起慈悲的心念

生命正面的心念是長生的養分，所以我們每天都要有行善的心念，所行的一切都是與慈悲相應。例如，我們不妨發起大願，自己要活得久一點，要幫助一切生命，我要愛護自身這個菩提之命。

我們在行一切善事的時候，心中不要執著，只是在幫助別人的當下好歡喜、好自在，天天歡喜天天自在，自然能夠長生自在、長壽自在。

◆安睡在宇宙的光明中

到了晚上休息的時間，我們就眠臥在法界的大海裡，在光明夢幻中自然生起，與一切賢聖共遊，沒有時間與空間的限制，一切都是圓滿的，很歡喜很圓滿。讓一天二十四個小時，從晨起醒來的第一念到夜晚的睡夢中，都是光明圓滿的。

睡夢禪法是我將禪法中夢幻光明的境界，融入於我們日常生活之中，特別是在睡眠之時。睡夢禪法不僅能夠使我們在睡夢寂靜中安住，讓我自己的身心得到完全的休息，特別當輾轉難眠、睡不著覺時，使用此方法，可以使我們容易入睡。

我們很舒服地仰躺在床上，讓自己的身體與心理進入最輕鬆舒適的狀態，兩手放在身體兩側，身體完全放鬆，整個身體的骨頭全部放開放鬆，肌肉全部放鬆，完完全全的放鬆。

現在我們開始想像：

自己仰躺在一個綠草如茵的山谷當中，整個大地長滿了鮮嫩的綠草，每一根草都是柔柔軟軟的，我們躺在上面是那麼的舒適、那麼的喜悅。

天上陽光普照著，是藍色的無雲晴空。

我們將身體徹徹底底的放鬆開來。

整個清水就流入了大地，與綠草如茵的山谷完全融合在一起。

身體便消失在如茵的綠草中。

現在整個宇宙就剩下綠草如茵的山谷，天上是無雲的晴空。

慢慢的整個綠草如茵的山谷開始消失了，消失在無邊無際的藍色晴空當中。

現在整個宇宙就剩下一片藍色的晴空，什麼都沒有了，就剩下藍色的晴空。

我們躺在綠草如茵的山谷，天上是無雲藍色的晴空。整個身體、心靈充滿了覺醒的力量，十分的舒適、喜悅，安住在很快樂、很安詳的境界當中。

現在整個藍色晴空及綠草如茵的山谷，整個消失在我們心中。

這晴空越來越亮了，越來越透明，整個宇宙就像透明的水晶一樣，無邊無盡的透明水晶，很亮、很明澈。整個宇宙越來越亮，我們的心還能夠察覺到這樣的明亮。

所有念頭都像虛空中的流星一樣，一個個自然消失了。

連光明的念頭都不存在，整個心靜靜的。

整個宇宙的光明，自己顯現、自然生起。

但是，我們的心念不再去作意，不再去想像。

我們的心是完全寂靜的，光明自然的浮現著。

此時，我們可以自然入眠，也可以選擇恢復到正常狀況。

早晨，我們一念醒覺時，我們的心開始醒了，心十分清晰，十分明白，從宇宙的光明中醒來。

◆去除疾病的口訣

「歡喜」是我們的生命，我們建立自身生命存在的意義；我們有生命的意志，是歡喜而生的，所以我們心中有源源不斷的喜悅，生生不息，時時生出歡喜的甘露。這個喜，是我們生命中最大的甘露。

常歡喜微笑的人，必然能增長自己的生命。再來，我們要生生不息，因為生命是有意義的；生命的意義是存有的，我們很歡喜很歡樂，並且去幫助別人，所以我們生生不息、有力的活著。

有喜有生之後，我們要常動，能活能動。動什麼呢？動我們的身，動我們的脈，讓我們的心雖然寂靜，但是能夠正確的思惟；我們的息能動到身體的每一個支脈，到我們的腦，所以要常運動，利用各種運動方法和氣功方法來調練。

在動的時候，不只是動，而要「柔動」，要由內到外的動。如果只有肌肉筋骨的運動，那是外面強硬，裡面不柔，所以從裡面到外面要柔，而且能夠徹底的動。以動達到徹底的靜。

這個靜有兩個意思。一是「靜」本身，我們能動、能柔但是能淨，如和風一樣，坐如鐘，行如風，立如松，臥如弓。一個擅於養生的人，動的時候動如脫兔，靜的時候靜如處子，只能動不能靜的人，是不符合養生之道的。所以不論動、靜，我們都要盡量擴大動、靜的能量，使它能夠涵容的面越來越廣大，靜面和動面越來越擴大，生命的寬廣度也越來越大。

二是在生命的寂靜面上，心常定，能夠寂靜，除此之外，心要能夠清淨沒有煩惱，不只是坐在那邊，而且還要沒有煩惱，能產生智慧，對生命的意義更加了解，做事情更順利，更能掌握自己生命增長、長壽的契機。

◆長春喜悅的一生

除了個人的增長之外，我們還要創造自身生命的價值，所以要發出善心，善心增廣之後，要幫助很多生命，而且不只是外在事相上的行善助人，要真正沒有執著的去幫助別人，增加我們的慈心，給人家快樂，沒有「我在幫助你」的這個念頭，但是有幫助的事實。甚至，不只幫助別人，還能給人一種真實永遠的快樂，不只要讓他人的生命快樂而且增長，還要增長到圓滿完滿的境界。

這是我們深心的祈願，由這個祈願，產生廣大的願力，使所有的生命因為這樣的願力而究竟圓滿，使「長生」產生真正的價值，但是心中徹底沒有執著，這就是「空」。空，從最粗淺的應用到最深刻的思惟都有妙用，比如說我們現在頭很重，我們可以立刻把頭觀「空」，感覺把頭整個消失掉，如此頭的疾病就會減輕了。如果我們的肝不好，也可以常常把肝觀「空」，觀沒有了，那麼肝的功能反而會增強，因為把病氣完全關掉了。當我們手很痠時，也可以把手觀想消失掉了，如此手會比較舒服。把有疾病的地方、有堵塞的地方觀「空」，這也是一個很好治病的方法。

除此之外，「空」的更深意義，是了悟一切東西變化無常，無常就是空。在這之後，一切萬事萬物都能以本來面目與實相相合，與天地能夠相應，所謂「虛空有盡、我願無窮」，也就是，緣起的時候能隨因隨緣幫助一切眾生，緣滅的時候，也能夠入寂滅。

以上二十四小時的養生禪法，讓我們每天，從早晨醒來的第一念，乃至晚間的睡夢之中，都能不斷持續，歡喜地長養自己的生命。除了圓滿個人長壽且健康、喜樂的人生之外，同時也能慈愍他人，創造對其他生命最有效益的生命，這才是歡喜圓滿的長生之道！

附錄：放鬆的現象

現象	原因	調整與注意
身體晃動、站不住	這是由於骨骼肌肉都放鬆後，氣機不充足、無法支撐全身所導致。再加上心靈放鬆，主導意識沒有去控制全身，所以有晃動與站不住的現象。	有時晃動會極有規律，那是氣動的自然生理現象，不是什麼奇異的現象，不用擔心。如果動得太厲害，影響放鬆時，可用意識稍微控制，使身體不要動得那麼厲害，以免影響放鬆的練習。
身體發熱、發脹	放鬆之後，身體的能量集中、氣機發達所產生的現象。	會讓我們感覺身心有勁、有力。
肌肉會痠、麻、脹、癢或刺痛	我們的肌肉放鬆之後，身體能量的運作暢快，在清除體內廢物障礙，所以會產生酸、刺痛的現象。	體內存積毒素排除至表皮時，會有癢的現象；氣機充足會有麻、脹的現象。除非是有另外的疾病，否則這是正常的現象。放鬆後，會使身體新陳代謝的通道暢通，身體的排毒功能也會大為增強。
站立放鬆時會頭暈	放鬆過程中，有時會發生頭暈、噁心、出虛汗的現象，這是由於放鬆時，體內的細胞運動非常完整而深厚，需要極大的體能。	如果健康情形不佳者，有可能在練習的過程中發生此種現象。此時可先停止練習，或坐下來或躺一會。數分鐘後即可恢復正常。以後再練習時，可適度縮減

		時間。放鬆後，再散步活動一下，如感覺全身痠麻時，可進行四肢的自我按摩或放鬆的拍擊。
身體清涼	這是體內火氣清除、水火調和的現象，所以會感到清涼舒適。	如果是感覺很寒冷，好像體內有寒氣跑出來，那麼則是身體較虛弱的現象，與此現象不同。
流汗	放鬆後，有的人身體會流汗，而且汗特別濃膩，味濃或色黃。這是因為當我們的骨骼、肌肉放鬆之後，許多儲存體內未曾清除的廢物，透過身體的放鬆，將之清除。	這與一般運動之後所流的汗不同，會覺得特別黏與多，那是體內的內汗。清除之後，可增進我們身體的新陳代謝，將潛存的可能疾患去除，使血管、器官柔軟，細胞活化。
放屁、打嗝、拉肚子	放鬆之後可能會放屁、打嗝，或瀉肚子，這都是正常的現象，代表體內廢氣的清除，或是排除體內的毒素。如果有些人在練習放鬆禪法之後，而有腹瀉的現象，而腹瀉之後不但不會感到不舒服，且是神清氣爽，代表這在排除體內的廢物，是好現象。	但如果是腹瀉之後，身體感到很虛弱、很累，則可能是吃壞肚子或是有腸胃方面的問題，這就需要去看醫生了。

疲累，睡眠變長	做完放鬆之後會感覺十分疲累，而且放鬆的愈徹底，會愈疲累，也愈痠痛。這是體內長期的壓力釋放出來，身體要求回補的現象。	在初期，可能需要休息的時間會變長，等體能完全回補恢復之後，則睡眠的時間就會恢復正常，甚至所需的睡眠時間減少了，精神卻更好。
感覺很虛弱	這是代表學習者身體較弱，在放鬆之後氣較不足的現象。	如果實在無法承受，就坐下來或暫時停止，則可慢慢改善。平時也可吃一些有營養及天然補氣的食品：如生松子、腰果、核果等。注意盡量清潔後生吃，不要油炸。黑棗、紅棗之類可泡茶飲用。這些天然補氣的食品與放鬆法結合，則能迅速除去體內的廢物，活化細胞，使身體常保青春。
流眼淚	眼睛耗用過度的工作者，如長期使用電腦的人，特別容易產生這個情形。由於長時間注視螢幕，眼睛不知不覺就緊盯著看，長此以往的緊張，造成眼睛很大的耗損。	放鬆之後，會發生流眼淚的情形，是幫助工作過度的眼睛，透過放鬆的練習，淚水將眼中的不良物質清洗排出，調和恢復眼睛的良好功能。

國家圖書館出版品預行編目資料

養生從放鬆開始：全球超過百萬人使用的身心解壓寶典/
洪啓嵩著. -- 三版. -- 臺北市：商周出版：英屬蓋曼群島
商家庭傳媒股份有限公司城邦分公司發行, 2022.05
　面；　公分. -- (商周養生館；19)
ISBN 978-626-318-279-0(平裝)

1.CST: 壓力 2.CST: 抗壓 3.CST: 放鬆運動

176.54　　111005900

商周養生館19

養生從放鬆開始（改版）：
全球超過百萬人使用的身心解壓寶典（附放鬆導引QR Code線上音檔）

作　　者／洪啓嵩
企畫選書人／彭之琬、徐藍萍
責任編輯／彭子宸

版　　權／黃淑敏、吳亭儀、林易萱
行銷業務／周佑潔、黃崇華、張媖茜、賴正祐
總 編 輯／黃靖卉
總 經 理／彭之琬
事業群總經理／黃淑貞
發 行 人／何飛鵬
法律顧問／元禾法律事務所 王子文律師
出　　版／商周出版
台北市104民生東路二段141號9樓
電話：(02) 25007008　傳眞：(02)25007759
E-mail：bwp.service@cite.com.tw
發　　行／英屬蓋曼群島商家庭傳媒股份有限公司城邦分公司
台北市中山區民生東路二段141號2樓
書虫客服服務專線：02-25007718；25007719
服務時間：週一至週五上午09:30-12:00；下午13:30-17:00
24小時傳眞專線：02-25001990；25001991
劃撥帳號：19863813；戶名：書虫股份有限公司
讀者服務信箱：service@readingclub.com.tw
城邦讀書花園：www.cite.com.tw
香港發行所／城邦（香港）出版集團
香港灣仔駱克道 193 號東超商業中心 1F_ E-mail : hkcite@biznetvigator.com
電話：(852) 25086231　傳眞：(852) 25789337
馬新發行所／城邦（馬新）出版集團【Cite (M) Sdn Bhd】
41, Jalan Radin Anum, Bandar Baru Sri Petaling,
57000 Kuala Lumpur, Malaysia.
電話：(603) 90578822　傳眞：(603) 90576622
Email: cite@cite.com.my

封面設計／江孟達工作室
繪　　圖／吳霈媜
印　　刷／韋懋實業有限公司
經 銷 商／聯合發行股份有限公司
地址：新北市231新店區寶橋路235巷6弄6號2樓
電話：(02)2917-8022 傳眞：(02)2911-0053

■2010年11月11日初版
■2022年 5 月 5 日三版一刷

Printed in Taiwan

ISBN：978-626-318-279-0

定價320元

城邦讀書花園
www.cite.com.tw